普通高等院校"十三五"规划教材

车辆工程专业导论

主　编　郑　拓
副主编　罗　浩　吴先焕　刘乐生
参　编　姚层林　邢晓娟　沈　聪

华中科技大学出版社
中国·武汉

内 容 提 要

作为车辆工程专业的入门课程教材,本书从汽车产业发展现状与展望、车辆工程专业的人才培养、汽车的初步认识、车辆工程专业人才类型和岗位需求、工科大学生学习方法与时间管理、科学研究与实践创新素质培养、大学生创业与就业等方面较全面地介绍了车辆工程专业的基本知识。本书旨在引领车辆工程专业新生尽快地进入相关知识学习领域,使其掌握车辆工程专业及行业的基本知识,提升工科大学生学习能力,培养工科大学生良好的工程素质。

本书既可作为本科车辆工程专业教材,也可作为汽车行业相关从业人员的参考用书或自学用书。

图书在版编目(CIP)数据

车辆工程专业导论/郑拓主编. —武汉:华中科技大学出版社,2020.5(2024.1 重印)
普通高等院校"十三五"规划教材
ISBN 978-7-5680-6130-8

Ⅰ.①车… Ⅱ.①郑… Ⅲ.①车辆工程-高等学校-教材 Ⅳ.①U27

中国版本图书馆 CIP 数据核字(2020)第 066890 号

车辆工程专业导论
Cheliang Gongcheng Zhuanye Daolun

郑 拓 主编

策划编辑:余伯仲
责任编辑:罗 雪
封面设计:廖亚萍
责任监印:周治超

出版发行:华中科技大学出版社(中国·武汉)　　电话:(027)81321913
　　　　　武汉市东湖新技术开发区华工科技园　　邮编:430223
录　　排:武汉三月禾传播有限公司
印　　刷:武汉科源印刷设计有限公司
开　　本:787mm×1092mm　1/16
印　　张:10.5
字　　数:264 千字
版　　次:2024 年 1 月第 1 版第 3 次印刷
定　　价:29.80 元

本书若有印装质量问题,请向出版社营销中心调换
全国免费服务热线:400-6679-118　竭诚为您服务
版权所有　侵权必究

前　言

在普通高等教育车辆工程专业的课程体系中,车辆工程专业导论是学生接触专业知识的第一门课,在整个汽车类专业人才培养方案中占有重要的地位。编写本书的目的,就是要帮助学生了解车辆工程领域的全貌,培养学生的专业兴趣,激发学生的学习热情,并帮助学生明确学习的方向。

在本书编写过程中,以充分满足从事汽车产品研发及生产制造领域工程技术人员所具备的知识结构要求为依据来进行内容的取舍。同时,还特别注重理论与实践的紧密结合,旨在为后续车辆工程专业课程教学工作的顺利开展做好铺垫,并培养学生的自主学习意识和创新创业素质,为学生今后从事汽车行业相关工作奠定基础。

本书共分七章,紧紧围绕车辆工程专业,在对汽车产业发展现状与前景进行简要介绍的基础上,重点阐述了车辆工程专业的人才培养、汽车的初步认识、车辆工程专业人才类型和岗位需求等内容,同时对工科大学生学习方法与时间管理、科学研究与实践创新素质培养、大学生创业与就业等相关知识也做了详细的介绍。本书既可作为本科车辆工程专业教材,也可作为汽车行业相关从业人员的参考用书或自学用书。

本书由武汉商学院郑拓任主编,由罗浩、吴先焕、刘乐生任副主编。参加本书编写的还有武汉商学院姚层林、邢晓娟、沈聪。同时,在姚层林教授的指导下,郑拓对全书进行了认真的审阅,并进行了全书的统稿工作。在书稿写作过程中,参考了大量相关文献,同时得到了相关汽车企业的大力支持,在此一并致谢。

由于编者水平有限,书中难免存在不足或疏漏之处,恳请广大读者批评指正。

编　者
2019 年 12 月

目　录

第1章　汽车产业发展现状与展望 …………………………………………………… (1)
　1.1　汽车发展简史 ………………………………………………………………… (1)
　1.2　我国汽车产业发展现状 ……………………………………………………… (6)
　1.3　我国汽车产业发展前景 ……………………………………………………… (12)
　1.4　我国汽车产业发展战略 ……………………………………………………… (14)
　复习思考题 ………………………………………………………………………… (15)

第2章　车辆工程专业的人才培养 …………………………………………………… (16)
　2.1　高等教育的结构及功能 ……………………………………………………… (16)
　2.2　高等工程教育 ………………………………………………………………… (18)
　2.3　车辆工程专业简介 …………………………………………………………… (19)
　2.4　车辆工程专业人才培养计划与实施 ………………………………………… (20)
　2.5　车辆工程专业人才培养目标实现矩阵 ……………………………………… (29)
　2.6　车辆工程专业人才培养方案的教学组织与实施 …………………………… (31)
　复习思考题 ………………………………………………………………………… (34)

第3章　汽车的初步认识 ……………………………………………………………… (35)
　3.1　汽车的定义与分类 …………………………………………………………… (35)
　3.2　汽车的总体构造与行驶原理 ………………………………………………… (37)
　3.3　发动机 ………………………………………………………………………… (40)
　3.4　底盘 …………………………………………………………………………… (46)
　3.5　车身 …………………………………………………………………………… (54)
　3.6　电气与电子设备 ……………………………………………………………… (55)
　3.7　汽车的性能指标 ……………………………………………………………… (59)
　3.8　汽车新技术 …………………………………………………………………… (62)
　复习思考题 ………………………………………………………………………… (80)

第4章　车辆工程专业人才类型和岗位需求 ………………………………………… (81)
　4.1　汽车相关企业所需的人才类型 ……………………………………………… (81)
　4.2　汽车产品研发设计岗位 ……………………………………………………… (84)
　4.3　汽车产品生产制造岗位 ……………………………………………………… (94)

  4.4 汽车产品试验岗位 (98)
  4.5 汽车销售岗位 (101)
  复习思考题 (106)

第5章 工科大学生学习方法与时间管理 (107)
  5.1 大学学习特点 (107)
  5.2 大学学习方法 (109)
  5.3 大学生时间管理 (111)
  复习思考题 (114)

第6章 科学研究与实践创新素质培养 (116)
  6.1 车辆工程专业实践课程的创新学习 (116)
  6.2 车辆工程专业实践课程的创新方法 (118)
  6.3 车辆工程专业常见的课外实践创新活动 (119)
  复习思考题 (141)

第7章 大学生创业与就业 (142)
  7.1 创业的内涵与特征 (142)
  7.2 创业者的素质要求 (143)
  7.3 创业初期的准备 (145)
  7.4 公司的成立和经营管理 (147)
  7.5 大学毕业生就业概况 (149)
  7.6 如何把握就业机会 (150)
  7.7 求职行动 (153)
  复习思考题 (156)

参考文献 (158)

第1章 汽车产业发展现状与展望

1.1 汽车发展简史

汽车诞生至今,已经经历了100多年的发展历程。汽车的外观变得越来越漂亮,且更加符合空气动力学原理;汽车所应用的技术也日益先进,越来越安全。如今,汽车走进千家万户,为我们的生活带来了便利。同时,汽车工业也造就了多位工业巨头,比如通用、福特、丰田、本田这样一些对各国经济起着举足轻重的作用的著名汽车公司。

1.1.1 汽车的诞生

在漫长的历史岁月中,车辆一直是由人力或畜力驱动的,直至18世纪动力机械发明之后,才出现了机动车。

1765年,英国的瓦特发明蒸汽机(见图1-1),揭开了工业革命的序幕。1769年,法国炮兵工程师尼古拉蒂·古诺把蒸汽机装在一辆木质的三轮车上,制成了最早的机动车。这也是最早的机动交通工具,它的出现成为古代交通运输与近代交通运输的分水岭。

蒸汽机是外燃机,燃料在气缸外燃烧,热效率很低,并且蒸汽车辆庞大笨重,操纵不灵,安全性差。1809年,法国人菲利普·勒本提出了以煤气为燃料的内燃机的工作循环原理。1860年,埃蒂内·列诺尔制成了煤气机并成批量生产,使内燃机商品化。

图1-1 瓦特发明的蒸汽机

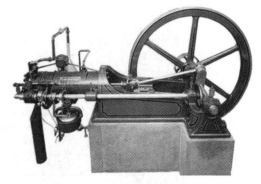

图1-2 奥托制造的内燃机

1866年,德国工程师尼古拉斯·奥托制造出往复活塞四冲程内燃机(见图1-2),为现代汽车内燃机的发展奠定了四冲程工作循环的理论基础。这种内燃机热效率达到了14%,之后人们放弃了热效率只有3%左右的煤气机而使用这种内燃机。

1885年,德国人卡尔·奔驰设计制造了一个单缸四冲程内燃机和一辆三轮汽车(见

图 1-3),并在 1886 年获得了专利。几乎在同一时间,德国工程师哥特里布·戴姆勒将自制的单缸四冲程内燃机装在一辆改装的马车上,也制成了汽车(见图 1-4)。奔驰和戴姆勒随后各自创办了自己的公司,开始小规模批量生产内燃机和汽车。他们二人率先把汽车与工业生产联系在一起,并把汽车推向了历史舞台,这具有划时代的意义。

图 1-3 "汽车之父"卡尔·奔驰和他发明的世界上第一辆三轮汽车

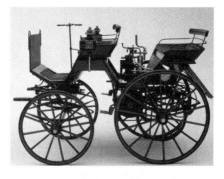

图 1-4 戴姆勒制造的四轮汽车

1.1.2 西方汽车的发展历史

汽油内燃机以其功率的不断升高、轻巧等优点脱颖而出,很快成为了汽车的主要动力源。随后一大批汽车生产厂在欧洲崛起,标致、欧宝、雪铁龙等品牌先后涌现。

汽车虽然诞生在欧洲,但美国依靠自然条件以及宽松的政策,又利用欧洲经济文化在第一次世界大战遭受破坏的时机,在汽车工业领域迅速发展并超过了欧洲。此后数十年,美国的汽车工业一直遥遥领先,雄踞榜首。

亨利·福特于 1903 年创立了福特汽车公司。1908 年,福特推出了著名的 T 型车(见图 1-5),并于 1913 年率先采用流水化生产线大批生产汽车,使这种车型产量迅速上升,且成本大幅下降,促使汽车从只是少数人享用的奢侈品变为进入千家万户的经济实惠的工业产品。到 1927 年,T 型车生产了 1500 余万辆,造成了极大的社会影响,福特亦被称为"汽车大王"。

图 1-5 福特 T 型车

1908年,威廉·杜兰特以戴维·别克的公司为基础,组建了通用汽车公司,合伙人包括兰森·奥兹、亨利·雷兰德,以及后来的路易斯·雪佛兰等先驱者。通用汽车公司还在1925年兼并了英国的沃克斯科尔汽车公司,在1929年兼并了德国的欧宝公司。1923—1956年,杰出的企业家阿尔弗雷德·斯隆担任通用汽车公司的最高领导,他推出了一系列重大改革措施,使该公司迅速上升为世界最大的汽车企业。他提出了"分期付款、动态报废、年度车型更新、采用闭式车身"等促销措施,对美国汽车产业产生了深远影响。

1925年,克莱斯勒公司制造出了一辆带厢式车身的小客车(见图1-6),可乘坐5位乘客,同时还装有保险杠和备胎架。厢式车身小客车的出现,标志着汽车车身完成了由马车型车身向厢式车身的转化,这是汽车车身的一个里程碑式的进步。

图1-6 克莱斯勒厢式车身小客车

大众汽车公司成立于1937年。当时的德国政府为了使人民都买得起轿车,下达了生产一种大众化轿车并建立工厂的指令。费迪南德·保时捷博士主持设计汽车,推出了著名的大众甲壳虫轿车。1940年工厂建成投产,至1974年该厂换型生产高尔夫轿车,甲壳虫轿车转至墨西哥继续生产。甲壳虫轿车至1981年累计总产量超过2000万辆,成为世界上生产时间最长和产量最多的车型。

从汽车开始批量生产至20世纪30年代末的这段时间,被称为汽车技术发展的黄金时代。彼时,汽车已成为社会生活中重要的交通工具。汽车速度提高,道路建设渐趋完善,社会对汽车的需求大量增长,亦使与汽车结构、性能和制造工艺改进相关的各项研究蓬勃发展。

1.1.3 日本汽车的发展历史

日本的汽车工业在第二次世界大战前规模较小,战争后期日本本土遭受的猛烈轰炸,使日本40%的城市成为废墟,经济完全崩溃。1950年,美国发动朝鲜战争,日本成了美国的后方工厂,这给复苏中的日本经济注入了强心剂,日本得以喘息并站稳了脚跟。通过10年的恢复调整和20年的创业投资及高速发展,日本这个资源匮乏的国家依靠引进国外先进技术和科学的经营管理方法取得了成功,一跃成为经济大国。日本汽车亦超过意、法、德等国,迅速跃居世界第二位,并于1980—1993年一度超过美国而居世界第一位。

第二次世界大战以前是日本汽车工业的萌芽期,最早进入日本人视野的是美国汽车公司Locomobile。1901年,Locomobile在东京开设了专卖店,日本人第一次亲眼见识了当时最先进的汽车工业产品。1902年,一位21岁的日本青年内山三郎受Locomobile的启发,打造了两台试验性的汽车。其引擎取自美国车,车身则由内山三郎自己打造,这是日本历史上最早的本土汽车。在此期间，日本汽车工业对欧美亦步亦趋，车型多为仿制。

1925—1927年，福特、克莱斯勒、通用三大美国汽车巨头先后在日本开设工厂，在此后的10年间，这三家公司生产了近21万辆汽车（产量是日本本土汽车企业的近两倍），占据日本汽车市场的大半江山。1936年，日本政府通过汽车工业法明确规定保护本土汽车工业，到1939年，外国汽车制造商几乎被驱逐出日本。第二次世界大战爆发后，日本的汽车工业重心转向为军事服务的卡车制造。

战争令日本政府将汽车工业放到一个更高层面上，虽然战争令日本经济根基尽毁，但政府的强烈干预也让日本的汽车工业走向系统化，为战后日本将汽车工业立为支柱产业埋下了伏笔。

第二次世界大战后的20年（1945年至20世纪60年代中期）是日本现代汽车工业发展的基础阶段。日本经济在经历了第二次世界大战期间的毁灭和战后10年的复苏之后，在1955年进入高速发展阶段，日本汽车产业也在这一段时间打下了坚实的基础。

20世纪60年代中期到20世纪70年代，日本汽车工业高速发展。1967年日本超过德国而成为第二大汽车生产国，国内汽车销量首次超过百万辆。1970年，日本国内汽车销量达到238万辆，千人平均保有量达到170辆，比1950年增加了将近60倍。在这一时期，普通劳动者成为汽车的主流买主，汽车不再是社会地位的象征，而成为了代步工具。

20世纪70年代的石油危机重创了欧美车商，但是却让推崇小排量车的日本汽车企业从中受益。1976年，日本汽车出口量达到250万辆之多，首次超过其国内销量。而日本汽车产业的这一"黄金时期"基本持续到20世纪80年代中期。

1.1.4 我国汽车的发展历史

我国汽车工业始于1953年，从第一汽车制造厂开始兴建至今，经过半个多世纪的发展，目前已经形成车型品种齐全、结构趋于合理、生产能力不断增强、技术水平日益提升、产品质量稳定提高、营销网络和售后服务逐步完善的现代汽车工业体系，基本上满足国民经济发展和社会需求。改革开放以来，特别是进入21世纪以来，我国汽车工业持续、快速、全面发展，取得举世瞩目的成绩，我国成为世界汽车工业的生产大国，并正在向建设世界汽车产业强国的新目标迈进，产业规模不断扩大，产业地位不断增强，国际竞争力不断提高。

我国汽车工业的发展总体上经历了三个阶段。

第一阶段从1953年到1978年，这是我国汽车工业的基本建设阶段。此阶段先后建立了第一汽车制造厂和第二汽车制造厂等主机厂及一批汽车零部件厂，为国家汽车工业的发展奠定了基础。这个阶段又可以分为两个历史时期。

① 1953—1967年：我国汽车工业的初创时期。1953年，第一汽车制造厂在长春破土动工，这是中国有史以来第一次建设自己的汽车厂，毛泽东主席为奠基仪式亲自题字"第一汽车制造厂奠基纪念"（第一汽车制造厂奠基典礼见图1-7）。仅用三年时间，第一汽车制造厂即建成并投产，制造出中国第一辆解放牌载货汽车（见图1-8）。1958年，制造出中国第一辆东风牌小轿车（见图1-9）和第一辆红旗牌高级轿车（见图1-10）。第一汽车制造厂的建成，开创了中国汽车工业新的历史。

图 1-7　第一汽车制造厂奠基典礼

图 1-8　我国第一辆解放牌载货汽车下线

图 1-9　第一辆东风牌小轿车

图 1-10　第一辆红旗牌高级轿车

② 1968—1978 年:我国汽车工业自主建设期。距离第一汽车制造厂投产 10 余年后的 1969 年,我国在湖北十堰开始动工建设第二汽车制造厂(见图 1-11)。1975 年,第二汽车制造厂的第一个车型 EQ230 诞生并下线,同期我国又建成生产重型汽车的四川汽车制造厂和陕西汽车制造厂,这标志着我国汽车工业进入自己进行产品设计和工厂设计的新阶段。图 1-12 所示为 1978 年 7 月出产的东风 5 t 载重汽车。

图 1-11　第二汽车制造厂正式投入建设

图 1-12　东风 5 t 载重汽车

第二阶段从 1979 年到 2001 年,这是我国汽车工业的结构调整阶段。在这一阶段,我国汽车工业实现了生产的快速发展,汽车总产量从 1978 年的 15 万辆增加到 2001 年的 234 万辆。特别值得一提的是,这个阶段以 1986 年上海轿车工业的大规模建设为标志,我国现代化轿车工业建设的历程由此开始,并先后在全国形成了数个轿车生产基地。轿车生产量从 1986 年的 1.25 万辆发展到 2001 年的 70 万辆,轿车产量占汽车产量的比例相应地从不足 3% 提升到 30%。整个汽车工业在产品品种上有了明显进步。

第三阶段从 2002 年至今,这是我国汽车工业与国际接轨的阶段。在这个阶段,中国经济开始全面参与国际经济大循环(以 2001 年 12 月 11 日中国正式加入 WTO 为标志)。至 2006

年,中国的汽车进口管理完全达到 WTO 规定的发展中国家的平均水平,开放了汽车市场,我国汽车工业开始全面面临国际竞争并参与国际合作。

1.2 我国汽车产业发展现状

汽车是"改变世界的机器"和推进国民经济向前发展的"发动机"。汽车产业不仅上下游产业链长,而且还深入工、农、商及军事等各领域,它可以带动钢铁、冶金、橡胶、石化、塑料、玻璃、机械、电子、纺织等诸多相关联产业的发展,其产业链不仅延伸到维修服务业、商业、保险业、交通运输业及路桥建筑等许多相关行业,而且可以吸纳各种新技术、新材料、新工艺和新装备,形成相当庞大的生产规模和巨大的市场规模,创造巨量的产值、利润和税收,提供众多的就业岗位。汽车产业能否健康快速发展直接关系到我国制造业乃至全社会经济能否平稳发展。

1.2.1 我国的汽车产业布局

我国汽车产业主要布局在东部。2003年,珠三角、长三角、环渤海地区以及东北地区集中了我国汽车工业约70%的整车生产能力。其中,珠三角占7%,长三角占22%,环渤海地区占20%,东北地区占21%。在中部,形成了以十堰-武汉为中心的汽车工业产业群,整车生产能力约占12%。在西部,形成了以重庆为中心的汽车工业产业群,整车生产能力约占10%。汽车零部件企业的布局与整车企业的布局基本匹配,主要集中于上述汽车工业集群所在地。而合资汽车零部件企业主要集中于东部地区。轻型车的生产已大体形成东北、北京、西南和南京四大基地。我国主要汽车企业分布如表1-1所示。

表1-1 我国主要汽车企业分布

地　区	代表性企业
东北地区	吉林:一汽轿车、一汽大众、一汽丰田 黑龙江:哈飞汽车 辽宁:华晨汽车
中部地区	湖北:东风乘用车、神龙汽车、东风本田、东风日产、东风雷诺 湖南:长丰汽车 安徽:奇瑞汽车、江淮汽车
长三角地区	上海:上汽乘用车、上汽大众、上汽通用 江苏:东风悦达起亚 浙江:吉利
京津冀地区	北京:北汽集团、北京现代、北京奔驰、北京吉普 天津:一汽夏利、一汽丰田 河北:长城汽车
华南地区	广东:广汽集团、广汽本田、广汽丰田 深圳:比亚迪 广西:柳州汽车、通用五菱
西南地区	重庆:长安汽车、长安福特、长安铃木、长安马自达 四川:一汽丰田

我国主要汽车企业情况介绍如下。

1. 中国一汽

中国第一汽车集团公司（原第一汽车制造厂），简称一汽或中国一汽。2011年6月28日，根据国务院国资委的要求，中国一汽进行主业重组，成立中国第一汽车股份有限公司。

到目前为止，中国一汽累计产销各类汽车2400余万辆，实现利税5000多亿元，形成了东北、华北、华南和西南四大基地，分布在哈尔滨、长春、吉林、大连、北京、天津、青岛、无锡、成都、柳州、曲靖、佛山、海口等城市。在巩固和发展国内市场的同时，中国一汽不断开拓国际市场，逐步建立起全球营销和采购体系。经过60多年的发展，中国一汽已经成为国内最大的汽车企业集团之一。

中国一汽现拥有解放、红旗、奔腾、夏利、威志等自主品牌和大众、奥迪、丰田、通用、马自达等合资品牌。一汽部分品牌如图1-13所示。

图1-13 一汽部分品牌

2. 东风汽车集团

东风汽车集团股份有限公司（简称东风汽车集团）总部位于华中地区最大的城市——武汉，其前身是1969年始建于湖北十堰的第二汽车制造厂，经过40多年的建设，已陆续建成了十堰（以中重型商用车、零部件、汽车装备事业为主）、襄阳（以轻型商用车、乘用车为主）、武汉（以乘用车为主）、广州（以乘用车为主）四大基地。除此之外，还在上海、广西柳州、江苏盐城、四川南充、河南郑州、新疆乌鲁木齐、辽宁朝阳、浙江杭州、云南昆明等地设有分支企业。

东风汽车集团拥有多个合资品牌公司，包括与日本日产汽车公司合资的东风汽车有限公司（包括东风启辰汽车公司、东风日产乘用车公司、东风汽车股份有限公司等子公司）、与法国PSA集团合资的神龙汽车有限公司（拥有东风雪铁龙、东风标致双品牌）、与日本本田技研工业株式会社合资的东风本田汽车有限公司等。2007年7月，东风汽车集团成立乘用车事业部（2008年8月改称东风乘用车公司），开始发展自主品牌乘用车。2009年3月，东风乘用车事业部更名为东风汽车集团股份有限公司乘用车公司，正式发布自主乘用车品牌——东风风神，致力于打造中国最好的自主乘用车品牌。

图1-14所示为东风汽车集团的主要品牌。

3. 上汽集团

上海汽车集团股份有限公司（简称上汽集团）是国内A股市场最大的汽车上市公司，总股本达到116.83亿股。上汽集团主要业务涵盖整车（包括乘用车、商用车）和零部件（包括发动机、变速箱、动力传动件、底盘、内外饰、电气与电子设备等）的研发、生产、销售，同时还经营物流、车载信息、二手车等汽车服务贸易业务，以及汽车金融业务。

图 1-14　东风汽车集团主要品牌

上汽集团所属主要整车企业包括乘用车公司、上汽大通、上汽大众、上汽通用、上汽通用五菱、南京依维柯、上汽依维柯红岩、上海申沃等。上汽集团主要品牌如图 1-15 所示。

图 1-15　上汽集团主要品牌

4．长安汽车

重庆长安汽车股份有限公司（简称长安汽车）拥有 150 多年历史底蕴和 30 多年造车经验，在全球有 19 个生产基地、36 个整车及发动机工厂，拥有员工近 10 万人，推出了睿骋、CS 系列、逸动系列、悦翔系列、欧诺、欧尚、CX70 等经典产品，旗下有长安福特、长安铃木、长安马自达、长安标致雪铁龙、江铃控股等企业。它成功向合资企业输入中国品牌产品，成为中国汽车行业唯一一家向合资企业输入产品的企业，开创了合资合作新模式。长安汽车主要品牌如图 1-16 所示。

图 1-16　长安汽车主要品牌

5．广汽集团

广州汽车集团股份有限公司（简称广汽集团）成立于 2005 年 6 月 28 日，其前身为成立于 1997 年 6 月的广州汽车集团有限公司。广汽集团是一家大型国有控股股份制汽车集团，目前拥有员工超过8.4万人,总部位于广州市天河区珠江新城。

目前广汽集团旗下有广汽乘用车、广汽本田、广汽丰田、广汽三菱、广汽菲亚特克莱斯勒、广汽研究院等数十家知名企业与研发机构,生产销售传祺、雅阁、奥德赛、冠道、讴歌CDX、凯美瑞、汉兰达、雷凌、自由光、自由侠、指南者、菲翔、欧蓝德、劲炫等多种知名品牌汽车产品。

6. 北汽集团

北京汽车集团有限公司(简称北汽集团)总部在北京,是中国五大汽车集团之一,目前拥有员工约13万人。

经过50多年的发展,北汽集团已拥有北京、绅宝、昌河、福田等自主品牌,先后引进现代、梅赛德斯-奔驰、铃木等国际品牌,汽车整车产品覆盖轿车、越野车、商用车和新能源汽车等各个门类。北汽集团拥有包括乘用车、越野车、商用车、新能源汽车和动力总成技术的专业研发机构,建立了涵盖整车及汽车零部件研发、制造,汽车服务贸易,综合出行服务和汽车金融的完整产业链,实现了向通用航空等领域的战略产业延伸。北汽集团以北京为中心,建立了分布于全国10余省市的9个自主品牌乘用车整车基地、11个自主品牌商用车基地、5个合资品牌乘用车基地和3个新能源基地,并在全球40多个国家和地区建立了整车工厂。

7. 比亚迪

比亚迪股份有限公司(简称比亚迪)创立于1995年,是一家拥有IT、汽车及新能源三大产业群的企业。从二次充电电池制造起步,2003年进入汽车行业,同时布局新能源产业,并于2016年3月进入轨道交通产业。至2016年11月,比亚迪在全球已经建立了30个生产基地。比亚迪以领先的新能源技术、过硬的产品品质,助力新能源汽车应用推广。比亚迪是目前全球唯一一家同时掌握新能源汽车电池、电机、电控及充电配套、整车制造等核心技术,以及拥有成熟市场推广经验的企业。

从2008年开始,比亚迪成功推出F3DM、e6、K9、秦、唐、宋、元,以及豪华电动车腾势(与戴姆勒公司合资)等新能源汽车,并且率先提出"公交电动化"战略。

8. 奇瑞汽车

奇瑞汽车股份有限公司(简称奇瑞汽车)成立于1997年1月8日,总部位于安徽省芜湖市。该公司产品覆盖乘用车、商用车、微型车等领域。奇瑞汽车是第一个乘用车销量突破600万辆的中国乘用车品牌汽车企业,累计出口超过25万辆,连续14年保持中国乘用车出口第一位。

奇瑞汽车成立20年来,打造了艾瑞泽、瑞虎、QQ和风云等知名产品品牌。同时,旗下两家合资企业拥有观致、捷豹、路虎等品牌。该公司在我国芜湖、大连、鄂尔多斯、常熟等地区,以及巴西、伊朗、委内瑞拉、俄罗斯等国共建有14个生产基地。

9. 吉利集团

浙江吉利控股集团有限公司(简称吉利集团)始建于1986年,1997年进入汽车行业,集团总部设在杭州,旗下拥有吉利汽车、沃尔沃汽车、伦敦出租车等品牌。其旗下的浙江吉利汽车有限公司在浙江台州/宁波、湖南湘潭、四川成都、陕西宝鸡、山西晋中等地建有汽车整车和动力总成制造基地。吉利集团现有帝豪EC7(A级轿车)、博瑞(B级轿车)、博越(SUV)、帝豪GS(跨界SUV)、远景系、金刚系等10多款整车产品及1.0~3.5 L全系列动力总成产品。

10. 江淮汽车

安徽江淮汽车集团股份有限公司(简称江淮汽车或JAC)是一家集全系列商用车、乘用车及动力总成等研产销和服务于一体的先进节能汽车、新能源汽车、智能网联汽车并举的综合型汽车企业集团。

该公司现有主导产品包括重、中、轻、微型卡车,多功能商用车,多用途汽车(MPV),运动型多用途车(SUV),轿车,客车,以及专用底盘和变速箱、发动机、车桥等核心零部件。

11. 长城汽车

长城汽车股份有限公司(简称长城汽车)是中国最大的SUV制造企业,目前,旗下拥有哈弗、长城、WEY三个品牌,产品涵盖SUV、轿车、皮卡(pick-up的音译,是一种客货两用汽车)三大品类,拥有4个整车生产基地。在国内市场,其SUV车型已连续14年保持了全国销量第一的纪录;长城皮卡已连续19年在全国保持了市场占有率和销量第一的纪录。

12. 华晨汽车集团

华晨汽车集团控股有限公司(简称华晨汽车集团),是2002年根据中央决定,经辽宁省政府批准设立的国有控股公司,总部坐落于辽宁省沈阳市。截至2015年,华晨汽车集团在国内已建成南北两大产销基地、6个整车生产企业、4个发动机生产企业和多家零部件生产企业。

华晨汽车集团打造了中华、金杯、华颂三大自主品牌,以及华晨宝马、华晨雷诺合资品牌,产品已覆盖乘用车、商用车全领域。

1.2.2 我国的汽车市场保有量及产销量情况

1. 我国汽车市场保有量

汽车保有量指的是一个国家或地区拥有车辆的数量,一般是指当地登记的车辆。但汽车保有量不同于机动车保有量,机动车保有量除汽车之外,还包含摩托车、农用车等。

截止到2018年年底,我国机动车保有量达3.27亿辆,其中汽车2.4亿辆,比2017年增加2285万辆,增长10.51%;机动车驾驶人突破4亿人,达4.09亿人,其中汽车驾驶人达3.69亿人。从分布情况看,全国有61个城市的汽车保有量超过100万辆,27个城市超200万辆,其中,北京、成都、重庆、上海、苏州、郑州、深圳、西安等8个城市超300万辆,天津、武汉、东莞3个城市接近300万辆。

2005—2018年中国汽车保有量发展情况如图1-17所示。

2018年年底我国汽车保有量达到了2.4亿辆,位居全球第二,仅次于美国的2.6亿辆,但人均保有量还很低,千人汽车保有量仅约为170辆,与发达国家的500～800辆/千人相比,依然有不小的差距,我国汽车市场仍有较大的发展空间。

2. 我国汽车产销量

汽车产业作为我国的支柱产业,近年来呈持续发展的态势。2000年汽车产销量突破200万辆,2002年突破300万辆,2005年突破500万辆,2009年突破1000万辆,2010年突破1500万辆,2013年突破2000万辆,2018年中国全年汽车产销分别为2780.9万辆和2808.1万辆。中国汽车产销量连续10年蝉联世界第一。图1-18所示为2001—2018年我国汽车销量发展情况。

图 1-17　2005—2018 年中国汽车保有量发展情况

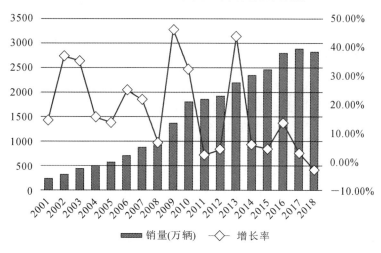

图 1-18　2001—2018 年中国汽车销量发展情况

1.2.3　我国汽车市场的特点

（1）各大汽车厂商促销力度持续增强，新品投放节奏不断加快，我国汽车市场竞争愈发激烈。

（2）中国自主品牌综合实力提升，中国自主品牌销量增速高于合资品牌销量增速和市场整体水平。近年来，中国自主品牌产品无论在造型、内饰、做工，还是在质量稳定性、发动机性能、驾乘感受方面都有了长足的进步，与合资品牌的差距在不断缩小。尤其是在 SUV 细分市场，中国品牌显现出较强的竞争力。

（3）消费群体年轻化。中国汽车消费群体呈现出年轻化的特点，以 25～35 岁的消费者居多，且汽车消费主要是以按揭贷款购买的形式为主。对年轻消费群体来说，汽车已经不仅仅是一种交通工具，同时也是彰显个性的标志。年轻消费群体的生活需求和消费理念将驱动汽车厂商的品牌重构和产品布局年轻化。用户的年轻化还将驱动经销商、后市场等层面向更加全方位的"汽车生活"角度转变。

1.2.4 我国汽车产业发展中存在的问题

1. 产业布局

(1) 企业数量多,规模小。汽车工业是典型的规模经济产业,在达到一定的生产规模之后才能赢利。按照国际流行的轿车厂的经济规模的起点为年产 30 万辆这一标准(即 MES,最低效率规模)来衡量,美国为 100%,韩国为 98%,中国轿车工业达到 MES 的厂商总产量的比例有待提高。

(2) 生产集中度偏低。在产业组织学中,生产集中度是反映市场竞争程度的一个标志性指标。从主要汽车生产国情况看,美国汽车产业集中度很高,国内汽车市场基本上被通用、福特、克莱斯勒三大汽车公司瓜分,日本汽车产业集中度也相当高。从产业集中度指标看,我国汽车产业与发达国家相比仍有差距。

2. 产品结构

产品结构有待进一步调整。与发达国家相比,我国汽车产品中,柴油汽车所占比重为 30% 左右,比发达国家低 10 个百分点。在载货车领域,要进一步提高重型车的比重。在轿车产品中,中高级轿车比例仍然较高,这与我国目前的能源供应状况不相符合。

3. 市场

我国的汽车出口规模小,且主要为劳动密集型产品,而一些精密零部件主要依赖进口,整车出口额很小。时至今日,一些已经成立多年的合资汽车企业的核心零部件依然完全依赖进口。

4. 开发水平与开发环境

我国汽车工业尚不具有成熟和较高水平的轿车整车开发能力,缺乏具有自主知识产权的产品平台,许多关键零部件仍处在仿制外国产品的阶段。我国的汽车产品在电子化、信息化方面,与发达国家汽车工业相比存在着较大差距。

1.3 我国汽车产业发展前景

目前我国的汽车市场从成长期逐步进入了成熟期,同时随着环境污染及能源匮乏问题的日益严重,汽车产业正处在转型发展的关键时期。未来我国的汽车产业在各个方面均会进行发展改革,具体表现如下。

1. 国内汽车增长快、潜力巨大,乘用车市场仍将继续扩大

我国目前仍处于工业化和城镇化同步加速发展的阶段,国内生产总值和居民收入将持续增长,国家也将继续出台有利于扩大内需的各项政策,同时考虑到二、三线城市及农村市场的汽车需求增加,预计我国汽车消费市场将进一步扩大。

2. 我国将逐步由汽车制造大国向制造强国转变

近年来,具有国际竞争力的国内知名汽车企业逐渐涌现,汽车生产核心技术和新的技术领域逐渐为国内企业所掌握,我国已经具备了向汽车制造强国转变的工业基础。

为了实现转变的目标,我国必须首先形成多家规模化、集团化企业,兼并重组势在必行,自主品牌必将成为政府未来大力扶持的对象。随着整车及汽车零部件支持政策的陆续颁布,未来行业的发展重点着重体现在加强自主品牌企业技术开发力度,鼓励提高研发能力和技术创新能力,积极开发具有自主知识产权的产品和实施品牌经营战略。未来我国自主品牌汽车产品所占的市场份额可望逐步扩大,技术实力也会迅速提升,中国将逐步由汽车制造大国向汽车制造强国转变。

3. 产业结构调整力度将进一步加大

我国汽车产业结构问题突出,未来产业结构的调整力度将进一步加大。需大力推进跨区域兼并重组,以进一步调整产业组织结构,同时提高小排量汽车比重和大力发展节能与新能源汽车,以进一步优化产品结构。同时应大力提高核心零部件国产化的比重,以进一步促进零部件与整车的协调发展和提升行业整体竞争力,并进一步调整汽车消费城乡二元结构,大力开拓农村汽车市场。

4. 汽车出口规模还将进一步扩大

随着我国汽车整车产品质量的提高和出口渠道的多元化,未来我国汽车出口将继续增长,整车出口将成为自主品牌企业新的增长点。同时随着全球产业的转移,未来我国将成为跨国汽车集团重要的零部件采购基地,零部件产品出口规模将进一步扩大。

5. 产品发展趋势

(1) 汽车小型轻量化。汽车的轻量化,就是在保证汽车的强度和安全性能的前提下,尽可能地减小汽车的质量,从而提高汽车的动力性,减少燃料消耗,降低排气污染。试验证明,汽车质量减小一半,燃料消耗也会降低将近一半。随着环保、节能观念深入人心,以及在汽车消费市场成熟且人口稠密地区停车位的日益紧张,小型轻量化汽车的比例在不断增加。目前在欧洲市场上,1~1.3 L的小型轿车正成为竞争的焦点。日本、法国、美国的汽车生产厂也纷纷计划推出中小型轿车新产品。

(2) 汽车技术智能化、电子化。智能网联汽车、自动驾驶汽车已经进入了广大人民的视野,智能化的汽车建立在电子技术的基础上。现代汽车上出现了各种各样的电子产品,电子技术的应用越来越广泛,今天的汽车已经进入了计算机控制的时代。电子技术和计算机技术的发展为汽车性能的提高、经济性和舒适性的改善,乃至汽车废气污染的减少都创造了良好的条件。汽车电子化的程度被看作衡量现代汽车水平的重要标志,是用来开发新车型、改进汽车性能最重要的技术措施。据统计,目前平均每辆车上电子装置的成本在整个汽车制造成本中所占的比重达23%以上。在一些豪华轿车上,每辆车使用单片微型计算机的数量已经达到48个,电子产品的成本占整车成本的50%以上。目前电子技术的应用几乎已经深入汽车所有的系统。人们越来越认识到,离开了电子技术,汽车就难以满足日益严格的法规要求,也无法适应顾客对汽车使用的方便性、舒适性、安全性、高效性及经济性的要求。

(3) 新能源汽车市场潜力巨大。以纯电动汽车、混合动力汽车和燃料电池汽车为代表的新能源汽车的快速发展尤其引人注目。

近年来能代替内燃机的动力系统研究受到全球的重视,电驱动系统是最有优势与传统的内燃机系统竞争的系统。纯电动汽车由于行驶里程短和价格高,普及和推广受到了一定的限制,主要适合作为短途用车。相比之下,混合动力电动汽车优势更加明显,产业化前景好。燃料电池汽车因为技术的可行性很可能成为未来汽车的发展方向,有人预测,"氢能经济"将引发汽车工业的革命。

我国汽车产业虽起步晚,但在新能源汽车特别是纯电动汽车领域,和发达国家基本处在同一起跑线上,在某些方面甚至还处于世界领先的地位,这为我国汽车工业技术实现跨越式发展提供了一次历史性的机遇。据统计,2018 年我国新能源汽车保有量达 261 万辆,占汽车总量的 1.1%,与 2017 年相比增加 107 万辆,增长 70%。其中,纯电动汽车保有量 211 万辆,占新能源汽车总量的 81%。可以看到,中国新能源汽车销量增速明显,尤其是纯电动汽车,其销量增长幅度更为明显。随着国家对新能源汽车各项扶持政策的推出、消费者对新能源汽车认知程度的逐步加深、公共充电设施的不断完善,新能源汽车必将迎来其发展的高速期。

(4) 汽车产品更新周期越来越短。缩短新产品开发周期是增强产品竞争力的关键措施,有利于改善产品的市场适应性,及时将产品投入市场,提高市场占有率。为了缩短开发周期,各公司都对内部开发体制、与配套厂家有关的协作体制进行了一系列改革。

6. 垂直线性的汽车产业链将向交叉网状的出行生态圈转变

在新一轮科技革命的推动下,人类社会呈现出以共享、服务和智能为特征的全新生态。受此影响,汽车产业也进入前所未有的深刻变革期。

新环境使汽车产业、产品和技术的内涵与外延都发生了改变,涉及汽车产业的各个环节,并将与未来的能源、交通、环境、科技、文化乃至整个社会的变化紧密联系、彼此影响。由此,垂直线性的汽车产业链将向交叉网状的出行生态圈转变。"软件"成分将在汽车上占有越来越高的比重,并逐渐变得和"硬件"同等重要。

1.4 我国汽车产业发展战略

1. 完善创新体系,增强自主发展动力

坚持把增强创新能力作为提高产业竞争力的中心环节,坚持创新驱动发展导向,完善创新体系建设,加强核心技术攻关,提升平台服务能力,增强自主发展动力。

2. 强化基础能力,贯通产业链条体系

产业基础和先进制造装备基础是建设汽车强国的重要支撑。所以,我国汽车行业应夯实安全可控的汽车零部件基础,大力发展先进制造装备,提升全产业链协同集成能力。

3. 突破重点领域,引领产业转型升级

大力发展汽车先进技术,在新能源汽车、智能网联汽车和先进节能汽车三大汽车领域形成梯次合理的产业格局以及完善的产业配套体系,引领汽车产业转型升级。

4. 加速跨界融合,构建新型产业生态

坚持跨界融合、开放发展,以互联网与汽车产业深度融合为方向,加快推进智能制造,推动出行服务多样化发展,促进汽车产品生命周期绿色化发展,构建泛在互联、协同高效、动态感知、智能决策的新型智慧生态体系。

5. 提升质量品牌,打造国际领军企业

坚持把质量建设和品牌建设作为提高产业竞争力的根本要求,严格控制质量,加强品牌培育,推进企业改革,培育具有国际竞争力的领军企业。

6. 深化开放合作,提高国际发展能力

坚持把国际化发展作为汽车产业可持续发展的重要发展方向之一,健全服务保障体系,提升国际化经营能力,加强国际合作,加快推动中国汽车产业融入全球市场。

复习思考题

1. 为什么说汽车产业是国民经济的支柱产业?
2. 世界上第一辆汽车是由谁发明的?汽车的诞生日是哪一天?
3. 世界上第一条汽车流水生产线是由谁发明的?流水生产线有什么优点?
4. 日本汽车产业的快速发展有什么值得我们借鉴的地方?
5. 我国的第一个汽车品牌是什么?
6. 简述我国汽车企业的发展史及主要汽车企业的分布情况。
7. 谈谈你对我国汽车产业的现状有哪些认识,我国汽车产业有哪些特点。
8. 中国汽车企业自主品牌有哪些?
9. 浅谈未来汽车的发展趋势。
10. 谈谈你对我国汽车产业发展前景的看法。

第 2 章　车辆工程专业的人才培养

随着汽车产业的快速发展,车辆工程专业迎来了良好的发展机遇,培养高层次应用型汽车人才具有充分的必要性。车辆工程专业属于高等教育下的工程学科,本章将重点介绍本专业的人才培养,包括培养目标、课程体系、教学组织与实施等方面的内容,以起到学习指导的作用。

2.1　高等教育的结构及功能

2.1.1　高等教育的结构

高等教育结构,指高等教育内部各要素之间的构成状态和比例关系,它是一个多维度多层次的复杂的综合结构。

高等教育结构的构成主要包括体制结构、形式结构、层次结构、科类结构、能级结构、地区结构(即布局)等。

1. 高等教育的体制结构

高等教育的体制结构,是指宏观上高等学校的办学主体和行政管理的隶属关系。目前高校主要可以分为公立高等院校、民办高等院校和公立民办二元制高等院校。按行政管理隶属关系,高校又可以分为教育部直属高校、中央其他部委直属高校、省级政府部门所属高校和中心城市所属高校。

2. 高等教育的形式结构

高等教育的形式结构,是指不同的办学方式及其比例关系,即一般高等教育与其他各种类型高等教育之间的比例关系,又称类型结构。前者如全日制高等学校,后者如电视、广播、函授大学,职工、农民大学以及网络大学等。

3. 高等教育的层次结构

高等教育的层次结构,指高等教育各层次之间的构成状态和比例关系,属于一种纵向结构。因不同层次代表了不同的办学水平或学术层次,所以又称水平结构。一般分为专科、本科、研究生三个层次。

4. 高等教育的科类结构

高等教育的科类结构,即不同学科领域的高等教育构成状态,一般以高等教育机构所授学位、文凭与证书的科类划分为准。

如法国将高等教育学科分为法学、经济学、人文科学、自然科学、医药科学、工程科学、农业科学七大类学科。

在我国,高等教育学科大体可分为理、工、农、医、林、财经、文、师、艺术、体育等。如果以授予学位的名称来区分,我国高等教育授予哲学、经济学、法学、教育学、文学、历史学、理学、工学、农学、医学、管理学、军事学十二个学科门类的学位。

5.高等教育的能级结构

高等教育的能级结构,主要指具有不同办学条件、不同办学要求和培养目标的各类高等学校间的比例关系。

从学术角度看,重点大学博士点和硕士点众多,学术层次较高;一般院校以授予学士学位为主;高等专科学校不授学位,主要提供专科文凭层次的教育和训练。

6.高等教育的地区结构

高等教育的地区结构,指高等学校的地区分布情况,即它们的数量、类型在不同地区分布的比例,或称区域结构。地区结构可分为面向本省、市、自治区,面向大协作区,面向全国三种类型。

2.1.2 高等教育的功能

1.高等教育的个体功能

高等教育的个体功能是指高等教育对个人所起的作用,也就是高等教育要促进个人的身心发展。具体表现为:

(1) 促进个人掌握知识和发展能力,包括学习能力、研究能力和实践能力;

(2) 促进个人提高文明素养;

(3) 促进个人改变社会地位。

2.高等教育的社会功能

高等教育的社会功能可分为政治功能、经济功能和文化功能。

(1) 高等教育的政治功能,具体表现为:

① 使受教育者政治化,政治化是人的社会化的重要内容,政治化使个人理解社会的政治观念,树立社会所向往的政治理想,形成维护现行政治制度的政治行为;

② 培养政治领袖及专门的政治、法律人才;

③ 促进政治的民主化。

(2) 高等教育的经济功能,主要指高等教育促进社会生产发展的功能,具体表现为:

① 高等教育担负着劳动力再生产的任务,为生产发展提供专门人才的支持;

② 高等教育是科学技术再生产的手段和途径;

③ 高等教育促进经济结构的调整和完善;

(3) 高等教育的文化功能,具体表现为:

① 高等教育具有选择、传递、保存文化的功能;

② 高等教育具有创新和发展文化的功能;

③ 高等教育具有吸收、融合各种文化的功能;

④ 高等教育注重学生课程文化素养的教育,以及学生文化批判能力和文化创新能力的培养。

2.2　高等工程教育

2.2.1　工程学科的概念

工程一词最早出现在欧洲,其一般含义为"工程(学)、机械术、工事、操纵"等,"是以价值取向,整合科学、技术与相关要素,有组织地实现特定目标的实践"。工程与科学、技术的关系比较复杂,工程是科学的延续和再造,是科学和技术高度综合后的必然结果。

"科学家探索未知世界,工程师创造未来的世界。"从科学的角度来看,工程的学科意义是将自然科学原理应用到工农业生产部门中去而形成各学科。工程是自然科学或基础科学的某种应用,是综合运用已有科学研究成果解决生产实际具体问题的艺术,因而具有鲜明的实践性、应用性特征。工程学科是高等工程教育的重要载体和基本单元,它主要涉及工程制图、机械、金工、电力、电子、电信、能源、化工等领域。

2.2.2　高等工程教育的特点

高等工程教育是以工程科学为主要学科基础,以培养高级工程技术人才为目标的教育,它具有高等教育的一般特点,同时它以应用和实践为主,强调实学、集成和创新的原则,其人才培养的方向是培养实践性、综合性和创造性人才。

1. 实践性

高等工程教育直接面向经济社会发展的前沿,教学计划具有很强的实践性,教学实施注重理论知识的应用,强调培养学生用科学理论解决实际问题的能力。

工科专业的培养目标,要求毕业生不仅要掌握相关工程领域所必需的科学理论和专业知识,同时要具有较强的分析和解决实际问题的能力,具备相关工程岗位的综合实践能力。在高等工程教育的全过程中,在教学内容安排及体系设计过程中,突出实践能力培养,突出应用型人才培养,专业主干课等课程均有一定量的综合性、设计性实验,实验内容全面、科学,包含本专业面向工作岗位所必需的实践内容。

2. 综合性

高等工程教育意味着科学和技术的深度综合,同时,任何工程系统都集成众多技术,技术的综合运用是科学原理的具体化,也是工程系统运行的必要条件。同时,新时代下,高等工程教育着眼于互联网革命、新技术发展、制造业升级等时代特征,学生需要在更广泛的专业交叉和融合中学习,强调整合能力的培养。

3. 创造性

当今世界正处在知识经济时代,各行业在激烈的竞争中,越来越依赖于人才的创新能力,创新已成为国家和民族兴旺发达的动力之源。科教兴国、人才强国、建设创新型国家等一系列重大战略的实施,要求高校培养大批创新型人才。

工程教育是面向工业、面向工程、面向工程师的教育,工科毕业生的创新意识和创新能力成为衡量工程教育质量的重要标准。高等工程教育将创新创业教育纳入学生学习的全过程,促使学生掌握从事技术创新所需要的科学技术知识,培养学生开展实验研究、设计和制造的能力。

2.3 车辆工程专业简介

车辆工程主要研究汽车、拖拉机、机车车辆、军用车辆及其他工程车辆等陆上移动机械的理论、设计及制造技术,属于工程技术领域的范畴。各高校在开设车辆工程专业时,会根据学校自身特色研究不同类型的车辆,其中最为普遍的研究类型为汽车。本书阐述的车辆工程专业主要针对汽车方向进行展开,以下为某应用型高校的车辆工程专业介绍。

2.3.1 培养目标与培养要求

1. 培养目标

培养适应汽车生产制造业需要,德、智、体、美全面发展,具备系统的汽车产品领域设计、制造、试验、检测、管理等方面的基础理论知识,掌握汽车产品研发和生产能力,实践能力强,业务素质高,具有创新创业精神和社会责任感,能胜任汽产整车及零部件生产企业岗位需要,主要从事汽车产品设计、制造、试验、检测、生产管理等工作的应用型高级专门人才。

2. 人才培养规格及特色

1) 知识要求

(1) 掌握机械工程、车辆工程领域所必需的基础科学理论,掌握扎实的学科基础理论和必要的专业知识,了解相关的科技发展动向。

(2) 熟悉汽车构造原理,掌握汽车产品设计、制造、试验、检测以及技术服务实践知识和技能,具备工程的质量和效益观念。

(3) 熟悉国家有关机械工程、车辆工程方面的方针、政策和法规。

2) 能力要求

(1) 具有较强的分析和解决机械工程、车辆工程实际问题的能力,一定的经营管理、组织管理、生产管理能力,具备车辆工程岗位的综合能力。

(2) 具有较强的语言表达及应用文写作能力。掌握一门外语,具备一定的"读、写、听、说"基本技能。

(3) 具备较强的计算机应用能力,能够适应社会信息化发展的要求。

(4) 掌握文献检索、资料查询的基本方法,具有较强的自学能力和较强的独立工作能力。

3) 素质要求

(1) 热爱社会主义祖国,拥护中国共产党的领导,坚持社会主义方向和道路,掌握马克思列宁主义、毛泽东思想和邓小平理论的基本原理,具有为国家富强、民族振兴而奋斗的理想。

(2) 具有良好的思想道德品质,严谨求实,树立科学的世界观、人生观和价值观。

(3) 理论联系实际,勤奋好学,掌握系统的科学文化知识和专业技能,具有创新意识。

(4) 具有健全的人格、强壮的体魄,良好的道德修养、心理素质和行为习惯,具有诚实守信、热爱劳动、遵纪守法、自律谦让、团结协作的品质。

2.3.2 人才培养模式

以培养应用型高级工程人才为宗旨,以服务地方经济为导向,以培养和提高学生的工程技术应用能力为核心点;专业知识和实践技能两线并行,贯通人才培养的各个环节,实现学历和应用型高级工程技能的相互融通;从理论教学、实践教学和素质培养三个方面,构建三维立体培养架构,提升学生素质和综合能力;将学校培养和企业实践相结合,实现校企一体;将学习内容和工作技能相结合,实现工学一体;将教师的理论素养和实践能力相结合,实现教练一体;将理论教材和实践教材相结合,实现理实一体。

2.4 车辆工程专业人才培养计划与实施

人才培养方案是高等学校实现人才培养目标和基本规格要求的总体设计蓝图,是学校组织教学、安排教学任务的主要依据,是学校办学指导思想、办学定位、办学水平、办学特色的具体体现,是学校对教育教学质量进行监控和评价的基础性文件。

在具体介绍人才培养方案之前,我们首先对培养方案中涉及的课程结构进行说明。

大学课程大体可以划分为通识教育平台(公共基础课程)、学科基础平台(学科基础课程)、专业教育平台(专业课程)三个平台和实践教学模块。

通识教育平台(公共基础课程)是指高等院校中所有专业或部分同类专业的学生都必须学习的课程,如"马克思主义基本原理""大学计算机基础"等。公共基础课程虽然不一定同所学专业有直接联系,但它是培养德智体全面发展人才,为进一步学习提供方法论的不可缺少的课程。

学科基础平台(学科基础课程)是指供某一专业的学生学习基础理论、基本知识和基本技能的课程,其作用是帮助该专业学生为掌握专业知识、学习科学技术、发展有关能力打下坚实的基础。

专业教育平台(专业课程)是指同专业知识直接联系的课程,它包括专业理论基础课程和专业技术基础课程。它的作用是使学生掌握必要的专业基本理论、专业知识和专业技能,了解本专业的前沿科学技术和发展趋势,培养分析解决本专业范围内一般实际问题的能力。

实践教学模块是巩固理论知识和加深对理论认识的有效途径,是培养具有创新意识的高素质工程技术人员的重要环节,是理论联系实际、培养学生掌握科学方法和提高学生动手能力的重要平台。同时,由于工程学科对学生的实践技能要求相对较高,因此实践教学环节所占的学时较多,其中大部分的学科基础课程和专业课程都包含实践教学内容。

此外,通识教育平台(公共基础课程)、学科基础平台(学科基础课程)、专业教育平台(专业课程)均含有必修课程和选修课程。必修课程是指某一专业必须学习和掌握的课程,此类课程是专业人才培养方案规定的核心课程,是保证培养专门人才的根本。必修课程可以概括分为三类:公共必修课程、学科基础必修课程和专业必修课程。

选修课程是根据大学教育要求和专业人才培养要求而设置的、可供学生结合自己的学习兴趣或专业方向而选修的课程。选修课程可以概括分为两类:公共选修课程和专业选修课程。公共选修课程一般要求的学分不高,在10个学分左右。专业选修课程一般只有本专业的学生可以选,大多为专业课程,是掌握专业知识、拓展知识面的重要途径。

此外，为全面推进素质教育，更好地发挥课外活动的育人功能，引导、帮助学生完善智能结构，增强创新意识和动手能力，培养适应时代发展需要的高素质人才，在人才培养方案中提出了素质拓展与创新创业教育要求。

为方便本专业学生了解培养方案，下面以某高校的车辆工程专业为例，介绍其人才培养方案的设置情况，以供参考。

2.4.1 通识教育平台

通识教育平台的课程根据不同的学科门类有所不同，工程学科的主要课程包括思想道德修养与法律基础、心理健康教育、大学体育、大学英语、大学计算基础等必修课程及10个学分左右的公共选修课程。车辆工程专业的通识教育平台课程开设情况大体如表2-1所示。

表2-1 车辆工程专业的通识教育平台课程开设情况（参考）

课程平台	课程性质	课程名称	学分	学时分配		
				总计	理论	实践
通识教育平台	必修	思想道德修养与法律基础	3	48	40	8
		马克思主义基本原理概论	3	48	48	
		毛泽东思想和中国特色社会主义理论体系概论	5	80	64	16
		中国近现代史纲要	3	48	40	8
		形势与政策Ⅰ—Ⅳ	2	32	24	8
		大学英语1	3.5	56	56	
		大学英语2	3.5	56	56	
		大学英语3	3	48	48	
		大学英语4	2	32	32	
		体育1	2	28		28
		体育2	2	32		32
		体育3	2	32		32
		体育4	2	32		32
		大学计算机基础	1.5	24		24
		心理健康教育	2	32	16	16
		大学语文	1.5	24	24	
		大学生职业发展与就业指导1	1	16	16	
		大学生职业发展与就业指导2	1	16	16	
		通识基础课程学分学时小计	43	684	480	204
	选修	通识选修课程（见通识选修课表）	8	128	128	
		通识教育平台学分学时合计	51	812	608	204

注：表格中空白处为0，后同。

2.4.2 学科基础平台

学科基础平台课程是进入专业学习前必须学习的课程,很多课程是同一专业类(学科类)都需要开设的课程。车辆工程专业的学科基础课程主要包括数学、物理、工程制图、力学、电工电子技术、机械设计制造、工程材料等相关课程,开设情况大体如表2-2所示。

表2-2 车辆工程专业的学科基础平台课程开设情况(参考)

课程平台	课程性质	课程名称	学分	学时分配		
				总计	理论	实践
学科基础平台	必修	车辆工程专业导论	1	16	16	
		工程制图	3	48	40	8
		大学物理	2	32	32	
		高等数学A(上)	3.5	56	56	
		高等数学A(下)	6	96	96	
		线性代数	2	32	32	
		程序设计基础	3	48	24	24
		电工技术	3	48	40	8
		电子技术	3	48	40	8
		理论力学	3	48	48	
		材料力学	3	48	40	8
		汽车文化	2	32	32	
		概率论与数理统计	3	48	48	
		机械设计基础	3	48	40	8
		机械制造基础	3	48	40	8
		工程材料及成型技术基础	3	48	40	8
		工程热力学	2	32	32	
		学科基础平台学分学时合计	48.5	776	696	80

2.4.3 专业教育平台

专业教育平台课程是教授学生专业基本理论、专业知识和专业技能的课程,其中必修课一般是专业特色课程,选修课根据专业方向设置了一组课程供学生选择,一般要求学生修满10个学分左右。车辆工程专业教育平台课程主要包括汽车构造、汽车电器与电子控制、汽车理论、汽车设计、汽车制造工艺学、汽车试验学等,开设情况大体如表2-3所示。

表 2-3 车辆工程专业的专业教育平台课程开设情况(参考)

课程平台	课程性质	课程名称	学分	学时分配		
				总计	理论	实践
专业教育平台	必修	汽车构造(一)	3	48	32	16
		汽车构造(二)	3	48	32	16
		汽车电器与电子控制	3	48	32	16
		汽车理论	3	48	40	8
		专业基础课程学分学时小计	12	192	136	56
	限选	汽车设计	3	48	32	16
		汽车制造工艺学	3	48	32	16
		汽车工业工程	3	48	48	
		汽车专业英语	2	32	32	
		汽车 CAD/CAE	2	32		32
		汽车试验学	2	32	24	8
		发动机原理	2	32	24	8
		专业限选课程学分学时小计	17	272	192	80
	任选(满足学分学时要求)(拓展)	新能源汽车技术	2	32	24	8
		有限元分析	2	32		32
		汽车安全与法规	2	32	24	8
		汽车新技术	2	32	24	8
		计算机辅助制造	2	32	0	32
		汽车服务企业管理	2	32	24	8
		单片机原理及应用	2	32	24	8
		电路设计及仿真	2	32	16	16
		汽车总线技术	2	32	24	8
		新能源汽车动力电池控制	2	32	24	8
		新能源汽车驱动电机控制	2	32	24	8
		专业拓展课程学分学时小计	10	160	72	8
		专业教育平台学分学时合计	39	624	400	224

2.4.4 实践教学模块

实践教学是巩固理论知识和加深对理论认识的有效途径,是除课程内实验的集中性实践环节。车辆工程专业的实践教学模块课程主要包括工程实训、汽车拆装实习、汽车生产实习、汽车综合课程设计、毕业实习、毕业设计等,开设情况大体如表2-4所示。

表2-4 车辆工程专业的实践教学模块课程开设情况(参考)

课程平台	课程性质	课程名称	学分	学时分配		
				总计	理论	实践
实践教学模块	必修	入学教育				
		军事理论	2			
		军事技能	2			
		大学物理实验	1	16		16
		工程实训	1	16		16
		机械设计基础课程设计	1	16		16
		汽车拆装实习	1	16		16
		汽车生产实习	2	32		32
		汽车综合课程设计	2	32		32
		毕业设计	8	128		128
		毕业实习	8	128		128
		实践教学模块学分学时合计	28	384		384

2.4.5 素质拓展与创新创业教育模块

车辆工程专业的素质拓展与创新创业教育模块主要考核学生的思想道德素质、科技文化素质、身心素质、职业素质、创新创业素质等,一般要求学生至少修满8学分,学生需参加一些有益的活动来取得相应的学分。具体考核内容及标准如下。

1. 素质教育活动模块

(1)思想道德素质,具体认定细则如表2-5所示。

表2-5 车辆工程专业学生的思想道德素质学分认定细则(参考)

序号	名称	标准	获得学分	认定标准
1	社会实践	国家级	3.0	参加活动时间1周以上,提供获奖证书,或提供3000字以上有一定价值的社会调查报告(心得体会)
		省级	2.0	
		校级	1.0	
		参加	0.5	
2	公益劳动、青年志愿者活动	国家级	3.0	
		省级	2.0	
		校级	1.0	
		参加	0.5	

续表

序号	名称	标准	获得学分	认定标准
3	社团活动	参加	0.5	参加学校批准的学生社团活动,满1年计0.5学分,不重复计算
4	担任社会工作	参加	0.2~0.5	担任学校各类协会职务,且满1年,校级计0.5学分,院级计0.2学分

(2) 科技文化素质。

① 学科专业竞赛,具体认定细则如表2-6所示。

表 2-6 车辆工程专业学生的学科专业竞赛学分认定细则(参考)

序号	竞赛级别	获奖等级	获得学分	认定标准
1	国家级(含国际级)	一等奖(含特等奖)	3.0	
		二等奖	2.5	
		三等奖	2.0	
		优秀奖	1.0	
2	省级(含国际级中国赛区选拔赛)	一等奖(含特等奖)	2.5	
		二等奖	2.0	
		三等奖	1.5	
		优秀奖	0.5	学生提供获奖证书,学校组织认定
3	校级	一等奖(含特等奖)	2.0	
		二等奖	1.5	
		三等奖	1.0	
		优秀奖	0.5	
4	院级	一等奖	1.0	
		二等奖	0.5	
5	参赛		0.5	

注:参赛学分只授予报名参赛并有成绩或提交作品但未获奖的学生,参赛学分最多计2次;
获团体赛奖项的,前3名学生所获学分按上表中的分值计,从第4名学生起按排名顺序依次递减。

② 科研成果的学分认定,具体认定细则如表2-7所示。

表 2-7 车辆工程专业学生的科研成果学分认定细则(参考)

序号	项目及标准	级别	获得学分	认定标准
1	科研项目	国家级	8.0	1. 提供课题的批文及申报材料,由学校组织认定; 2. 以上成果均指第一完成人,多人合作者仅限前3人计分,依次递减1个学分
		省(部)级	6.0	
		市(厅)级	4.0	
		校级	2.0	

续表

序号	项目及标准	级别	获得学分	认定标准
2	学术论文	被 SCI、EI、CSSCI 收录	5.0	1.提供论文的原件及复印件(含封面、目录、正文、封底),由学校组织认定; 2.以上成果均指第一完成人,多人合作者仅限前3人计分,按排名依次递减1个学分
		中文核心期刊	3.0	
		公开出版的学术期刊	1.0	
		学术会议期刊	3.0	受邀在国际、全国学术会议上宣读论文
3	学术著作	公开出版学术著作	5.0	提供著作的原件及复印件(含封面、目录、正文、封底),由学校组织认定

③ 知识产权的学分认定,具体认定细则如表 2-8 所示。

表 2-8　车辆工程专业学生的知识产权学分认定细则(参考)

序号	项目	标准	获得学分	认定标准
1	发明专利	第一专利权人	4.0	1.提交证书原件及复印件,由学校组织认定; 2.以上成果均指第一完成人,多人合作者依次递减 0.5 个学分,最低按 0.5 分计算
2	实用新型专利	第一专利权人	2.0	
3	外观设计专利	第一专利权人	1.0	
4	计算机软件著作权	第一专利权人	2.0	

(3) 身心素质,具体认定细则如表 2-9 所示。

表 2-9　车辆工程专业学生的身心素质学分认定细则(参考)

序号	项目	标准	获得学分	认定标准
1	文化、美育活动	国家级	2.0	1.凭获奖证书,由学校认定; 2.参加文体活动学分最多计2次
		省级	1.5	
		校级	1.0	
		参加	0.5	
2	讲座	参加	1~2	参加学校正常课程以外的讲座,每参加5次以上,并提交1篇针对这5次讲座的1500字以上总结,计1学分,本项最高合计2学分
3	课外读书	参加	1~2	每阅读课外书籍5本,并提交1篇对这5本书的1500字以上的读书报告,计1学分,本项最高合计2学分

(4) 职业素质,具体认定细则如表 2-10 所示。

表 2-10 车辆工程专业学生的职业素质学分认定细则(参考)

项目类别	内容	标准	获得学分
外语能力证书	非外语专业大学英语考试	四级	0.5
		六级	1.0
	全国大学外语专业考试	四级	0.5
		八级	1.0
	日本语能力测试	一级	1.0
		二级	0.5
	韩国语能力考试	高级	1.0
		中级	0.5
	外语翻译证书考试	高级	1.0
		中级	0.5
	商务英语考试证书(BEC)	高级	1.0
		中级	0.5
计算机能力证书	国家非计算机专业等级考试	二级	0.5
		三级	0.5
		四级	1.0
普通话等级证书	普通话等级考试	一级	1.0
		二级	0.5
职业资格证书	由学校根据职业证书性质认定	1~2	
其他证书	由学校组织专家认定	0.5~1	

2. 创新创业活动模块

具体认定细则如表 2-11 所示。

表 2-11 车辆工程专业学生的创新创业活动模块学分认定细则(参考)

序号	名称	标准	获得学分	认定标准
1	创新创业竞赛	国家级	3.0	凭获奖证书,由学校组织认定
		省级	2.0	
		校级	1.0	
		参赛	0.5	
2	大学生创新创业训练、创业实践项目	国家级	3.0	由学校组织认定
		省级	2.0	
		校级	1.0	
		申报	0.5	
3	创业实践	创办企业并取得营业执照	3.0	授予学生法人代表,由学校组织认定
4	创新业活动	参加创新创业沙龙、讲座	0.25	提交不少于 800 字的活动心得总结,由学校进行组织认定

续表

序号	名称	标准	获得学分	认定标准
5	创新创业课程	按学校要求修完课程并考核合格	2	由学校进行组织认定

注：① 创业竞赛参赛学分只授予报名参赛提交作品但未获奖的学生,参赛学分最多计 2 次;
② 项目申报学分只授予未立项的学生,申报学分最多计 2 次;
③ 项目组负责人所获学分结题后按上表中的分值给定,其余学生按排名顺序依次递减 0.5 个学分,最低按 0.5 分计算;
④ 创业活动学分累计计算不超过 1 个学分(4 次)。

2.4.6　学制、学分与学位的相关要求

以上是对某高校车辆工程专业培养方案的详细介绍。此外,本专业学生还需要了解学制、学分与学位的相关要求。

(1) 修业年限:标准学制四年;学生可在 3~6 年内修完本专业规定学分。

(2) 学分要求:理论课程、实践环节、素质拓展与创新创业环节,学生参加学习并通过考核,方可获得相应的学分。一般情况下,理论课程通常 16~18 学时对应 1 学分,实践环节每周对应 1 学分,素质拓展与创新创业教育模块考核内容及标准由各高校各自确定。根据表 2-1 至表 2-11 的学分设置情况,该高校车辆工程专业学生在校期间必须修满 174.5 学分方能毕业。其中:通识课程平台 51 学分,学科基础平台 48.5 学分,专业教育平台 39 学分,实践教学模块 28 学分,素质拓展与创新创业教育模块 8 学分。其中,学分、学时分配及比例可参考表 2-12。

表 2-12　某高校车辆工程专业的学分、学时分配及比例(参考)

课程模块	学分		占总学分的比例/(%)		学时			占总学时的比例/(%)
	理论	实践	理论	实践	理论	实践	小计	
通识教育平台	38	13	74.5	25.5	608	204	812	30.9
学科基础平台	43.5	5	89.7	10.3	696	80	776	29.5
专业教育平台	25	14	64.1	35.9	400	224	624	23.8
实践教学模块	0	28	0	100	0	384	384	14.6
素质拓展与创新创业教育模块	1	7	12.5	87.5	16	16	32	1.2
小计	107.5	67	61.6	38.4	1720	908	2628	100
	选修课学分/比例		35/20.1%		必修课学分/比例			139.5/79.9%
	最低毕业学分:174.5							

(3) 毕业与学位:学生修完本专业培养方案规定课程,取得毕业所需学分,符合学校规定的毕业条件,学校准予毕业,发给毕业证书。符合学校学士授予条件的,授予工学学士学位。

2.5 车辆工程专业人才培养目标实现矩阵

表 2-13 所示为车辆专业人才培养目标实现矩阵,详细说明了本专业人才培养体系对培养目标的支撑作用。通过大学阶段的学习,本专业学生应具备专业技术知识与知识应用能力、职业实践能力与素养,以及良好的政治素质、道德素质和身心素质。

表 2-13 车辆工程专业人才培养目标实现矩阵(参考)

知识模块	知识域	知识层	能力	实现(课程或环节)
A. 专业技术知识与知识应用能力	汽车产品设计	掌握汽车产品功能和服务的要求	具备系统的汽车构造、汽车理论、汽车试验检测等知识,具备在满足整车定义的要求下开发汽车产品功能和服务的能力	通过机械工程和力学类专业基础课,汽车构造、汽车理论、汽车设计、汽车制造工艺学、汽车综合课程设计、汽车CAD/CAE、汽车安全与法规等专业课程,以及汽车拆装实习等实践活动实现
		了解法律法规要求	掌握环保、安全、噪声、排放等汽车法规知识	
		了解生产条件	从企业的实际工艺水平和生产能力出发,强调设计与工艺、生产相结合的能力	
		了解成本核算	从企业的实际工艺水平和生产能力出发,强调设计与成本管理相结合的能力	
	汽车产品制造	掌握机械制造、汽车制造工艺等知识	具备机械制造、汽车制造工艺等知识,能根据设计要求完成产品加工	通过机械工程和力学类专业基础课,汽车构造、汽车制造工艺学、汽车综合课程设计、汽车CAD/CAE、计算机辅助制造、汽车工业工程等专业课程,以及汽车拆装实习、生产实习等实践活动实现
		了解汽车产品制造行业的主要政策	能运用汽车产品制造行业的主要政策优化生产	
		掌握生产组织管理、成本核算等知识	能根据产品加工的特点、要求统筹生产管理,进行成本核算	
	汽车产品试验检测	设计汽车产品试验检测方案	具备根据功能定义和服务要求设计汽车产品试验检测方案的能力,包括设备选用、检测方法选择等	通过汽车构造、汽车理论、汽车设计、汽车试验学、汽车安全与法规等课程,以及汽车拆装实习、汽车生产实习等活动实现
		熟悉汽车法规、汽车产品测试检测标准	具备将汽车法规、汽车及产品测试检测行业标准运用到检测测试实践的能力	
		了解产品试验检测行业现状	能结合行业标准完成产品功能定义和服务检测测试	
	汽车产品生产管理	具备工业工程基础知识	具有运用工业工程基础知识解决生产制造中的问题的能力	通过汽车工业工程、汽车服务企业管理等课程,以及汽车拆装实习、汽车生产实习等活动实现
		熟悉汽车产品加工行业特点	了解汽车行业技术现状及行业特征	
		了解质量、供应链、项目管理等情况	在生产管理中能初步运用质量、供应链、项目管理等知识	

续表

知识模块	知识域	知识层	能力	实现（课程或环节）
B. 职业实践能力与素养	工程实践	掌握机械工程实践基础知识	能综合考虑设计、生产、成本、质量、安全等方面因素，具备初步的工程实践能力	过机械类专业基础课程，以及工程实训、参观实习、生产实习等活动实现
	汽车驾驶	汽车驾驶能力	考取机动车驾驶证（C1 及以上级别），获得汽车驾驶能力	汽车驾驶培训
	具备运用理论和技术方法解决工程问题的综合能力	具有系统思维能力	具备运用整体思维方式，全局性和系统性地完成汽车产品设计、制造、试验检测、生产管理的能力	专业基础课、专业课、实践教学、创新创业平台等的综合训练
		熟悉汽车专业知识，掌握汽车产品行业法规规范	综合运用汽车专业知识，结合行业实际，充分考虑产品的整车功能定义、产品服务、法规、安全、环保、成本等因素，解决问题	
		学习创新能力	敢于质疑，勇于创新，善于学习，高效合理地解决问题	
C. 个人修养与职业道德	具备人际交往技能、团队协作和交流能力和素质	具有团队精神	具有共同协作的团队精神	课程设计、生产实习、毕业实习和毕业设计及答辩等课程和实践环节的培训和训练
			具备组织协调和领导能力	
			善于技术分工和协作，共同完成任务的能力	
		具有交流与沟通能力	具备交流与沟通的意识和能力	专业课程、生产实习、毕业实习和毕业设计及答辩等课程和实践环节的培训和训练
			具备运用文字、图表和多媒体进行交流的能力	
			善于口头表达，能够通过报告和会议进行交流	
		具备英语交流能力	能够运用英语进行交流	大学英语、专业英语课程等环节训练
			具备参加国际专业合作项目的初步能力	
			熟练运用英语查阅相关文献	
		具有团队管理及组织协调能力	有着丰富的团队管理经验，善于调动团队积极性，激发团队战斗力	创新创业平台、生产实习、毕业设计等
			良好的组织能力以及冲突协调能力	
		具有解决现场问题的能力	能快速掌握工程现场的概况	专业课程、生产实习、毕业实习和毕业设计及答辩等课程和实践环节的培训和训练
			能通过查找资料等途径快速获得解决问题的办法	
			具有发现问题并提出改进意见的能力	

2.6 车辆工程专业人才培养方案的教学组织与实施

根据车辆工程专业的人才培养方案可以看出,本专业的人才培养体系包括理论教学、实践教学和素质拓展与创新创业教育模块,其中素质拓展与创新创业教育模块的考核内容及标准已在2.4.5 节中进行了详细说明,本节将重点介绍理论课程和实践环节的教学组织与考核方式。

2.6.1 理论课程的教学组织与考核方式

理论课程教学组织的基本形式是课堂讲授,同时,教师会根据课程的特点,增加习题课或者课堂讨论环节等其他辅助教学形式,帮助学生更好地掌握该门课程的重点和难点。

理论课程的考核方式,根据教学进程分,可以分为小测验、期中考试和期末考试等。当然不同的课程,不同的任课教师,考核的方式也会略有不同。通常情况下,学分较多的课程,例如高等数学、大学英语等,可能安排期中考试或多次课堂测验。考核方式可以分为闭卷考试、开卷考试、课程论文等多种形式。一般情况下,必修课多采用闭卷考试的方式,选修课程的考核方式有多种选择,由任课老师决定。

课程结业后,通常以学生的综合成绩作为课程结业成绩,并记入学生的成绩档案。一般情况下,平时成绩(包括学生课堂出勤率、作业完成情况、随堂测验情况等)占综合成绩的30%~40%,考试卷面成绩占综合成绩的60%~70%。

2.6.2 实践环节的教学组织与考核方式

实践教学环节的教学组织基本形式包括实验、实习、实训、课程设计、毕业设计等。实践教学环节以学生为主体,通常指导老师负责大纲的撰写、实践项目的布置、实践环节的辅导等。考核方式以学生实操或上交作品、总结报告、设计说明书等为主。

1. 实验

通过教学实验,可以加深学生对理论知识的理解,也可以培养学生掌握科学实验技能和科学研究方法。教学实验的类型包括验证性实验、演示性实验、综合性实验和设计性实验几种。表 2-14 列出了某高校车辆工程专业部分实验项目。

表 2-14 某高校车辆工程专业部分实验项目(参考)

课程名称	实验项目	实验性质
机械设计基础	实验一:机械结构演示实验	演示性
	实验二:机构运动简图测绘实验	验证性
	实验三:渐开线齿廓范成法加工原理实验	验证性
	实验四:渐开线齿轮几何参数及其啮合参数测试实验	验证性
	实验五:减速器拆装认知实验	演示性
	实验六:轴系结构设计实验	设计性
	实验七:机械系统传动方案创新组合设计实验	设计性
	实验八:机构运动方案创新设计、拼装及仿真实验	综合性

续表

课程名称	实验项目	实验性质
汽车构造(二)	实验一:底盘总体认知	演示性
	实验二:离合器结构认知	演示性
	实验三:手动变速器结构认知	演示性
	实验四:自动变速器结构认知	演示性
	实验五:驱动桥及万向传动装置结构认知	演示性
	实验六:行驶系统结构认知	演示性
	实验七:转向系统结构认知	演示性
	实验八:制动系统结构认知	演示性
汽车试验学	实验一:汽车发动机气缸密封性检测	验证性
	实验二:汽车排放污染物检测	验证性
	实验三:汽车噪声检测	验证性
	实验四:汽车制动性能检测	验证性

学生在完成实验后,要及时撰写实验报告,实验报告一般包括以下内容。

(1) 实验的目的及要求:说明实验所涉及并要求掌握的知识点。

(2) 实验条件:说明实验所用仪器和设备的名称、规格、数量等。

(3) 实验原理:支持实验的理论基础。

(4) 实验方法和步骤:说明实验的操作程序和过程。

(5) 实验记录:记录实验数据、实验现象和实验结果。

(6) 实验结果分析:根据实验原理和实验记录,进行数据处理,以文字、表格、图形等形式报告实验结果,并做出结果分析。

(7) 讨论与提高:提出实验改进意见或心得体会。

实验环节的考核一般根据实验报告成绩、实验操作成绩(从操作规范性、仪器的使用、操作流程等几个方面考虑)和平时成绩进行综合计算。

2. 实习、实训

表 2-15 中列出了某高校车辆工程专业的实习、实训开设情况,不同的实习、实训项目,组织形式有所不同。

表 2-15 某高校车辆工程专业实习、实训环节及实施过程(参考)

实践环节名称	组织形式	实践目的与实践内容
工程实训	校内集中实践操作	掌握专业的基本技能
汽车拆装实习	校内集中实践操作	掌握汽车发动机及底盘构造、拆装工艺及技术要求
汽车生产实习	赴校外企业参观,聆听专家讲座	掌握汽车生产制造工艺,熟悉生产制造流程
毕业实习	校外企业顶岗实习	通过真实的工作岗位实习,提高学生专业综合运用能力

学生在完成实习、实训后,要及时撰写实习报告。实习报告一般包括以下内容。

(1) 实习概述:包括实习地点、实习时间、实习目的和主要实习内容。

(2) 实习心得:结合实习大纲和实习指导书的要求,对实习工作进行一次全面系统的总分析、总研究,分析成绩、不足和得到的收获。一般不少于 1500 字。

(3) 实习日志:要求学生按照每天的实习、实训项目撰写实习日志。

实习、实训环节的成绩,通常从学生的实习日志、实习报告、出勤率与综合表现等几个方面进行综合考核。

3. 课程设计

课程设计是工科实践教学的重要环节,是学生在校期间一次较全面的设计能力训练,对于实现学生总体培养目标具有重要作用。以某高校车辆工程专业为例,开设的课程设计包括机械设计基础课程设计、汽车制造工艺学课程设计、汽车综合课程设计等。

任务:对工科专业,要求完成课程设计题目的方案分析与设计;完成装配图、零件图设计;编写设计计算说明书。

要求:(1) 学生要在教师的指导下独立完成设计任务,提倡独立思考、分析和解决问题;

(2) 正确处理设计计算与结构设计的关系;

(3) 正确使用标准和规范;

(4) 正确处理传承与创新的关系,做到在传承前人的经验和知识的基础上,进行大力创新,培养创新精神。

成绩考核:一般按优秀、良好、中等、及格、不及格五级评定成绩,单独记分。成绩由平时成绩、图纸成绩、设计说明书成绩、答辩成绩综合构成。

4. 毕业设计

毕业设计是最后一次对本科大学生知识的全面检验,是对学生知识、理论和技能掌握情况的一次总测试。通过开展毕业设计工作,培养大学生的科学研究能力,使学生初步掌握进行科学研究的基本程序和方法。

开展毕业设计的过程是训练学生独立进行科学研究的过程,对学生而言也是专业知识的学习过程,而且是更生动、更切实、更深入地进行专业知识的学习。

毕业设计选题范围:所有选题须与车辆工程专业相关,包括但不限于机械工程方向(汽车产品设计、汽车产品制造工艺设计等)、机电工程方向(汽车电子控制系统的设计、汽车产品试验检测系统的设计等)、交运工程方向(汽车管理信息系统的研究与开发等)。

在工作量方面原则上要求:毕业设计总计图纸数量折合不少于 1.5 张 A0 号图纸,同时完成设计说明书。

毕业设计主要包括以下评分项目。

选题:选题反映学科前沿动态,符合本专业培养目标,具有一定的理论意义和现实意义,难度适宜,切实可行。

工作量和工作态度:工作量达到毕业设计开题任务书规定的要求,完成毕业设计的态度端正,学术作风严谨务实。

文献阅读能力:文献阅读能力较强,工作过程中对相关的中文、外文文献阅读量大,资料覆盖面广。

文献应用能力：对该领域的各种理论知识理解正确、运用合理，具有独立查阅文献、正确翻译、合理加工、利用各种信息获取新知识的能力。

　　调查研究和实验能力：设计方案合理，实验方法科学，完成设计的技术路线科学合理，使用的调查和实验手段能较好地实现研究目的。技术熟练，数据精确，能独立从事调查研究、发现、解决实际问题并得出结论，研究结果能较好地体现课题的研究目标。

　　综合应用能力：对该学科基础理论知识有很好的掌握，对学科前沿的发展动态有较全面的了解，并在相关资料中有较好的运用。

　　创新点：设计立意新颖，思路独特，反映学科前沿的理论思想，对前人的理论和观点有所突破，对社会生产实践有重要的应用价值。

　　结构和逻辑性：设计主题鲜明，结构严谨，逻辑严密，内容正确，体系完整。

　　图文质量：图纸绘制质量高，符合相关标准，线条均匀清晰、整洁美观，设计结构工艺性好。

　　格式规范：设计遵守相关规定，图表、注释清晰明确，设计说明书格式规范、符合要求。

　　一般按优秀、良好、中等、及格、不及格五级评定成绩，单独记分。成绩由平时成绩、毕业设计资料质量、答辩成绩综合构成。

复习思考题

1. 什么是高等教育的科类结构？车辆工程专业属于哪个学科门类？
2. 高等工程教育的特点有哪些？
3. 浅述你对车辆工程专业的理解。
4. 车辆工程专业的培养目标是什么？
5. 车辆工程专业的培养要求是什么？
6. 车辆工程专业的课程设置有什么特点？
7. 车辆工程专业的专业课程主要有哪些？
8. 浅述你对大学生素质拓展与创新创业教育模块的理解。
9. 工科专业的实践教学模块是如何组织实施的？考核方式有哪些？
10. 浅谈你对大学课程体系的理解。

第3章 汽车的初步认识

车辆工程专业平台为汽车,汽车的种类繁多,但结构及原理基本相似。本章主要介绍汽车的类型、基本构造、基本原理、性能指标以及汽车新技术,以使学生快速地认识汽车。

3.1 汽车的定义与分类

3.1.1 汽车的定义

汽车是一种现代交通工具,为我们的生活提供了很大的便利。国家标准《汽车和挂车类型的术语和定义》(GB/T 3730.1—2001)对汽车的定义为:由动力驱动,具有四个或四个以上车轮的非轨道承载车辆,主要用于载运人员和货物、牵引载运人员和(或)货物的车辆、特殊用途。

美国对汽车的定义为:由本身携带的动力驱动,装有驾驶操纵装置,能在固定轨道以外的道路或自然地域上运输人员及货物或牵引其他车辆的车辆。

日本对汽车的定义为:不依靠架线和固定轨道,自身带有动力装置,能够在道路上行驶的车辆。

德国对汽车的定义为:使用液体燃料,用内燃机驱动,有三个或三个以上的车轮,用来载运乘员或货物的车辆。

3.1.2 汽车的分类

汽车分类的方法有很多,最常见的分类方法包括传统分类法和按照国家标准分类法。下面主要对这两种分类方法进行简述。

1. 传统分类法

传统分类法主要是按照汽车的用途来进行分类,由于几十年来的习惯,我国汽车的传统分类法已经在民众心中根深蒂固,因此这种分类方法仍然在使用。按照传统分类法,可将汽车分为以下几类。

1) 轿车

轿车用于载运人员及其随身物品,是座位布置在两轴之间的四轮汽车,其座位不多于9个(包括驾驶座在内)。轿车是进入家庭的主要车型,其产量和保有量居各类车型之首。轿车的外形如图3-1所示。

2) 客车

客车是具有长方形车厢,主要用于载运乘客及其随身行李物品的汽车。一般有9个以上座位(包括驾驶座)。客车的外形如图3-2所示。

图 3-1　轿车　　　　　　　　　图 3-2　客车

3) 货车

货车主要用于运载货物,有的也可以牵引全挂车。货车通常采用前置发动机,车身分为独立的驾驶室和货箱两部分。货车的外形如图 3-3 所示。

4) 越野汽车

越野汽车主要用在非公路条件下,以运载人员或货物,也可用于牵引各种装备。为了在环路、山地、坡地、沼泽、田野、沙漠、冰雪地带等恶劣地形条件下行驶,越野汽车一般都装配有越野轮胎,并采用全轮驱动。越野汽车的外形如图 3-4 所示。

图 3-3　货车　　　　　　　　　图 3-4　越野汽车

5) 专用汽车

专用汽车用来完成特定的载运或作业任务,是装有专用设备或经过特殊改装的汽车。它可分为专用轿车、专用客车、专用货车及特种作业车。专用汽车的外形如图 3-5 所示。

6) 竞赛汽车

竞赛汽车是按照特定的竞赛规范而设计的汽车。竞赛汽车的外形如图 3-6 所示。

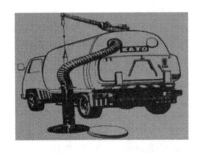

图 3-5　专用汽车　　　　　　　图 3-6　竞赛汽车

2. 按照国家标准分类

依据 GB/T 3730.1—2001,汽车按照用途分为两大类:一类是主要作为私人代步工具的乘用车,另一类是以商业运输为目的的商用车。

1）乘用车

乘用车是从设计和技术特性角度而言主要适用于载运乘客及其随身行李和/或临时物品的汽车,其座位包括驾驶员座位在内最多不超过 9 个。乘用车也可以牵引一辆挂车。乘用车具体划分为普通乘用车、活顶乘用车、高级乘用车、小型乘用车、敞篷车、舱背乘用车、旅行车、多用途乘用车、短头乘用车、越野乘用车和专用乘用车共 11 种,各类乘用车的外形如图 3-7 所示。

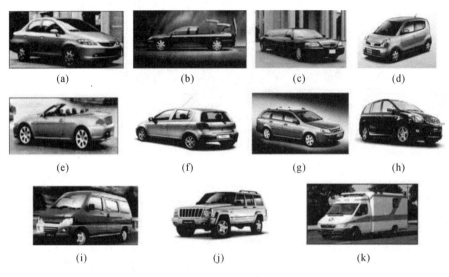

图 3-7 乘用车

(a)普通乘用车　(b)活顶乘用车　(c)高级乘用车　(d)小型乘用车　(e)敞篷车　(f)舱背乘用车
(g)旅行车　(h)多用途乘用车　(i)短头乘用车　(j)越野乘用车　(k)专用乘用车

2）商用车

商用车是从设计和技术特性角度而言适用于运送人员和货物的汽车,并且可以牵引挂车。乘用车不包括在内。商用车分为客车、货车和半挂牵引车三类,各类商用车的外形如图 3-8 所示。

图 3-8 商用车

(a)客车　(b)货车　(c)半挂牵引车

3.2　汽车的总体构造与行驶原理

3.2.1　汽车的总体构造

汽车是由成千上万个零件所组成的结构复杂的交通工具。根据其动力装置、使用条件等不同,汽车的具体构造可以有很大的差别,但总体通常由发动机、底盘、车身和电气与电子设备四大部分组成(见图3-9)。

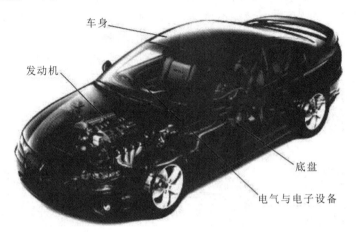

图 3-9 汽车的总体构造

1. 发动机

汽车发动机是将汽车燃料的化学能转变为机械能的动力装置,也称为内燃机。目前常用的有汽油发动机和柴油发动机两种。大多数汽车都采用往复活塞式内燃机,它一般由曲柄连杆机构、配气机构、燃料供给系统、点火系统(仅汽油发动机采用)、冷却系统、润滑系统和启动系统等部分组成。

2. 底盘

汽车底盘用来支承和安装汽车发动机及其他各部件,形成汽车的整体造型,并接受发动机的动力,使汽车产生运动并按驾驶员的操控正常行驶。汽车底盘是汽车构成的基础,它一般由传动系统、行驶系统、转向系统和制动系统四部分组成。

3. 车身

车身是驾驶员工作的场所,也是装载乘客和货物的部件。它有承载式车身和非承载式车身之分。车身主要包括发动机罩、车身本体,还包括货车的驾驶室和货箱,以及某些汽车上的特种作业设备。

4. 电气与电子设备

电气与电子设备由电源和用电设备组成,包括发电机、蓄电池、启动系统、点火系统,以及汽车的照明、信号装置和仪表等。此外,在现代汽车上愈来愈多地装用各种电子设备,如微处理机、中央计算机系统及各种电控装置等,显著地提高了汽车的使用性能。

3.2.2 汽车的行驶原理

汽车行驶时由发动机产生动力,然后经过底盘传动系统进行减速增矩,将动力传递给驱动轮,使车轮与地面发生相互作用,从而实现汽车的正常运动。要确定汽车的运动状况,需要考虑作用于汽车的各种外力,即驱动力与行驶阻力。

1. 驱动力

汽车的驱动力是由发动机的动力经传动系统传到驱动轮上得到的。发动机发出的功率经过汽车传动系统，转化为施加给驱动轮的转矩 M_t，在转矩 M_t 的作用下，驱动轮与路面接触处对地面施加一个作用力 F_0。地面对驱动轮的反作用力为 F_t，即驱动汽车行驶的外力。若 r 为车轮的半径(见图 3-10)，则驱动力的计算公式为

$$F_t = F_0 = M_t/r$$

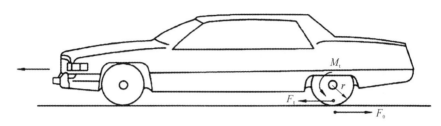

图 3-10　汽车的驱动力

2. 行驶阻力

汽车的行驶阻力主要包括以下几种。

(1) 滚动阻力 F_f：它是由于车轮滚动时轮胎与地面发生变形而产生的。其数值与汽车的总重量、轮胎的结构与气压以及地面的性质有关。该阻力在汽车行驶的过程中一直存在。

(2) 空气阻力 F_w：主要由汽车前后的压力差、汽车与空气的摩擦、气流的干扰造成。其大小与汽车结构、车速等有关。同样，该阻力在汽车行驶的过程中一直存在。

(3) 坡道阻力 F_i：汽车在上坡时，坡道阻力为总重力沿坡道方向的分力。当汽车下坡时，坡道阻力为负值，实际上变成了一种动力。当汽车在水平道路上行驶时，无坡道阻力。

(4) 加速阻力 F_j：汽车加速时需要克服的惯性力。当汽车减速行驶时，加速阻力为负值；当汽车在道路上等速行驶时，无加速阻力。

汽车行驶过程中的总的行驶阻力 F 为

$$F = F_f + F_w + F_i + F_j$$

3. 汽车行驶的驱动条件

若驱动力小于各种阻力之和，则汽车无法开动，正在行驶的汽车则将减速直至停车，所以汽车行驶的驱动条件为

$$F_t \geqslant F$$

4. 汽车行驶的附着条件

汽车能否充分发挥其驱动力，还受到车轮与路面之间摩擦作用的限制。这种摩擦作用称为附着作用。附着作用所能提供的地面反作用力的极限值，称为附着力 F_φ。附着力与轮胎的花纹、气压、地面状态以及汽车的重量等因素有关。驱动力的发挥受到附着力的限制，实际发出的驱动力，只能小于或等于附着力，即

$$F_t \leqslant F_\varphi$$

否则将发生驱动轮滑转现象。

由此可见，汽车行驶的充分必要条件为

$$F \leqslant F_t \leqslant F_\varphi$$

3.3 发动机

3.3.1 发动机的功用及结构组成

发动机是将某一种形式的能量转换为机械能的机器。车用发动机属于内燃机,它将燃料燃烧的热能转化为机械能,然后再通过底盘的传动系统驱动汽车行驶。目前常用的发动机分为汽油发动机(简称汽油机)和柴油发动机(简称柴油机)两种。

各种发动机都有大致相同的总体构造。以四冲程汽油机为例,它由两大机构和五大系统组成,即曲柄连杆机构、配气机构、燃料供给系统、点火系统、冷却系统、润滑系统和启动系统。四冲程汽油机结构如图 3-11 所示。

3.3.2 发动机常用术语

1. 活塞行程

上、下止点间的距离 S 称为活塞行程(见图 3-12),活塞行程 S 等于曲柄半径 R 的两倍。活塞每走一个行程相应于曲轴转动 180°。

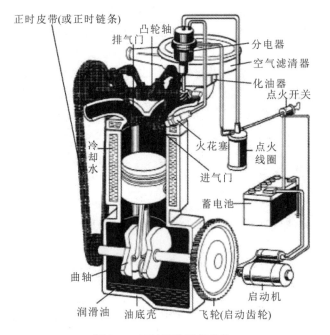

图 3-11 四冲程汽油机结构　　图 3-12 发动机气缸示意图

2. 气缸排量及发动机排量

活塞从上止点到下止点所扫过的容积称为气缸工作容积或气缸排量。多缸发动机各气缸工作容积的总和称为发动机排量。

3. 压缩比

气缸中气体压缩前的最大体积与压缩后的最小体积之比(即气缸总容积与燃烧室容积之

比)称为压缩比,用 e 表示(见图 3-13)。

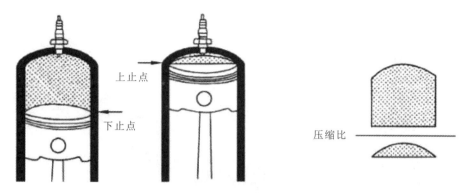

图 3-13 发动机气缸压缩比

3.3.3 曲柄连杆机构

曲柄连杆机构的功用是将燃料燃烧时的热能转变为活塞往复运动的机械能,再通过连杆将活塞的往复运动变为曲轴的旋转运动,从而对外输出动力。

曲柄连杆机构由机体组、活塞连杆组和曲轴飞轮组三部分组成。

1. 机体组

机体组由气缸体、油底壳、气缸盖罩、气缸盖和气缸垫等组成(见图 3-14)。

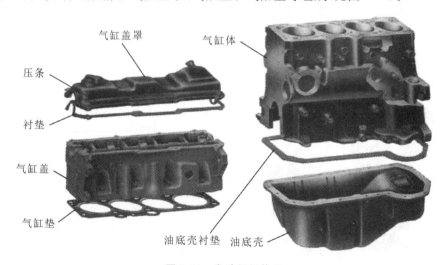

图 3-14 发动机机体组

2. 活塞连杆组

活塞连杆组由活塞、活塞环、活塞销、连杆、轴瓦等组成(见图 3-15)。

3. 曲轴飞轮组

曲轴飞轮组由曲轴、飞轮、V 带轮和正时齿形带轮等组成(见图 3-16)。

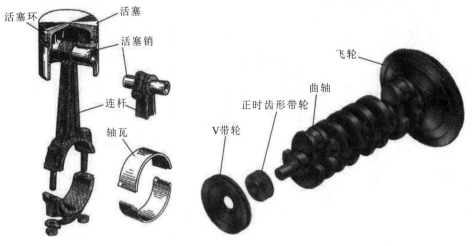

图 3-15　发动机活塞连杆组　　　　图 3-16　发动机曲轴飞轮组

3.3.4　配气机构

配气机构的功用是按照发动机每一气缸内所进行的工作循环和点火次序的要求,定时开启和关闭进、排气门,使新鲜可燃混合气(汽油机)或空气(柴油机)得以及时进入气缸,废气得以及时从气缸排出。

根据凸轮轴位置的不同,配气机构分为下置式、中置式和顶置式。

最常见的顶置式配气机构主要由凸轮轴及其传动系统、气门组等零件组成(见图 3-17)。

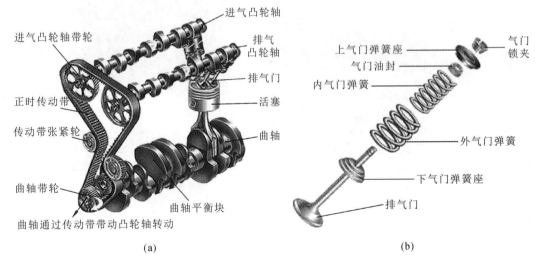

图 3-17　顶置式发动机配气机构

3.3.5　燃料供给系统

根据所供给燃料的不同,燃料供给系统一般分为汽油机燃料供给系统和柴油机燃料供给系统。

1. 汽油机燃料供给系统

该系统的功用是：将汽油经过雾化和蒸发，与空气按一定比例均匀混合成可燃混合气，再根据发动机各种不同工况的要求，向发动机气缸通入不同浓度和不同量的可燃混合气，以便在临近压缩终了时点火燃烧而放出热量，使气体膨胀做功，最后将气缸内的废气排至大气中。

早期的汽油机使用的是化油器式燃料供给系统，此类系统已趋于淘汰。目前最常见的为电控汽油喷射式燃料供给系统（见图 3-18），其组成包括燃油供给系统、进气系统和电子控制系统三部分。

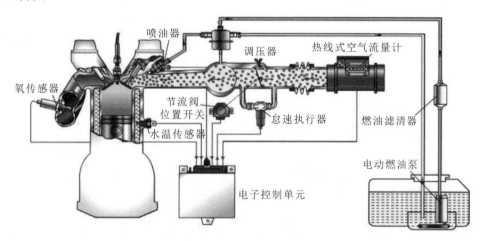

图 3-18 电控汽油喷射式燃料供给系统

2. 柴油机燃料供给系统

该系统的功用是根据柴油机的工作要求，定时、定量、定压地将雾化质量良好的柴油按照一定的喷油规律喷入气缸，并使其与空气迅速而良好地混合和燃烧。燃料供给系统是柴油机最重要的辅助系统，它的工作情况对柴油机的功率和经济性能都有重要的影响。

柴油机燃料供给系统主要由燃油供给系统（见图 3-19）、空气供给系统、混合气形成系统及废气排出系统四部分组成。

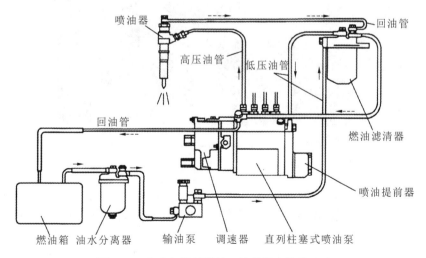

图 3-19 柴油机燃料供给系统的燃油供给系统

3.3.6 点火系统

点火系统是汽油发动机必不可少的组成部分。柴油发动机因为是压燃式,所以不需要点火系统。

点火系统的功用是将汽车电源供给的低压电转变为高压电,并按发动机的做功顺序和点火时间要求,配送至各缸火花塞,产生电火花,点燃混合气。

早期汽油发动机使用的传统点火系统,主要由点火线圈、断电器、配电器、分火头及火花塞等组成(见图 3-20),目前已趋于淘汰。目前新型汽车普遍采用微机控制点火系统,其中,单缸独立点火是发展的重要方向。发动机微机控制单缸独立点火系统(见图 3-21)主要由控制单元、点火线圈、高压线及火花塞等组成。

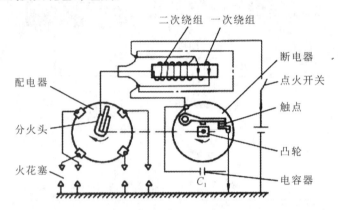

图 3-20 传统点火系统

图 3-21 发动机微机控制单缸独立点火系统

3.3.7 冷却系统

发动机正常工作时,燃烧室及附近零部件的温度可高达 2000 ℃以上,若不及时加以冷却,则将导致零件损坏,燃烧效率下降,甚至引起致命故障。

冷却系统的功用是根据发动机的工况对发动机进行适度的冷却,从而保证发动机在最适宜的温度范围内(85~95 ℃)工作。目前汽车发动机均采用强制循环水冷式冷却系统,它主要由水泵、散热器、冷却风扇、膨胀水箱、节温器等组成(见图3-22)。

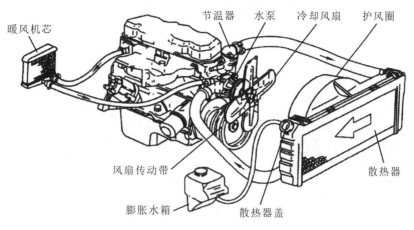

图 3-22 发动机冷却系统

3.3.8 润滑系统

发动机在正常工作时,必须向各润滑部位提供机油以进行润滑。

润滑系统的功用是:将润滑油不断地输送到各摩擦表面,以减少摩擦和磨损。此外,润滑系统还起防腐、密封、清洁和冷却的作用。

润滑系统主要由油底壳、机油泵、集滤器、机油滤清器及油道等组成(见图3-23)。

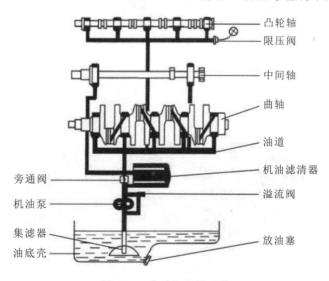

图 3-23 发动机润滑系统

3.3.9 启动系统

发动机需要具有一定的初始转动速度,才能保证混合气形成、压缩和燃烧过程的顺利进行。

启动系统的功用是用外力矩带动静止的发动机曲轴旋转,使发动机进入自行运转,具有一定的初始转动速度,保证发动机能顺利启动。

现代汽车发动机都采用启动机启动。系统主要由启动机、启动小齿轮和大齿圈等组成(见图3-24)。

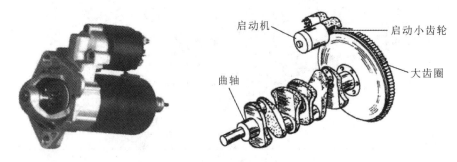

图3-24 发动机启动系统

3.4 底盘

3.4.1 底盘的功用及结构组成

底盘是汽车构成的基础,它用来支承、安装汽车发动机及其各部件、总成,形成汽车的整体造型,并接受发动机的动力,使汽车产生运动并按驾驶员的操控正常行驶。

一般汽车底盘由传动系统、行驶系统、转向系统和制动系统组成(见图3-25)。

图3-25 汽车底盘的组成

3.4.2 传动系统

汽车发动机与驱动轮之间的动力传递装置称为汽车底盘的传动系统。

传动系统的功用是保证汽车具有在各种行驶条件下所必需的牵引力、车速,以及实现它们之间的协调变化等,使汽车具有良好的动力性和燃油经济性;保证汽车能倒车;保证左右驱动车轮能适应差速要求;保证动力传递能根据需要平稳地接合或彻底迅速地分离。

通常汽车底盘的传动系统由离合器、变速器、万向节、传动轴、主减速器、差速器、半轴等组成(见图3-26)。

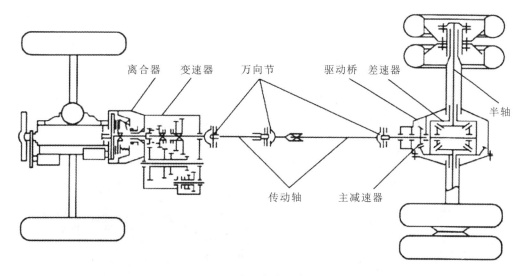

图 3-26 底盘传动系统的组成

1. 离合器

离合器位于发动机和变速器之间,直接与发动机相连接,用于切断和实现发动机对传动系统的动力传递,主要由主动部分、从动部分、压紧机构和操纵机构组成(见图3-27)。

(1)主动部分包括飞轮、压盘、离合器盖,这一部分与发动机同步旋转。

(2)从动部分包括从动盘,用于连接变速器。

(3)压紧机构由膜片弹簧构成,用于将压盘和从动盘压向飞轮。

(4)操纵机构包括离合器踏板、分离拉索、操纵臂、分离轴承等,用于操控离合器。

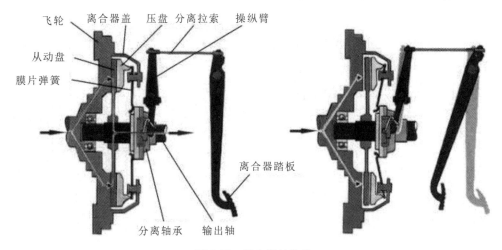

图 3-27 离合器的构造

2. 变速器

变速器的作用是改变汽车的行驶速度和输出扭矩;利用倒挡实现汽车倒车;利用空挡暂时切断动力传递。

通常变速器分为手动变速器和自动变速器两大类。

1) 手动变速器

手动变速器用于手动挡车型,以目前最常见的轿车为例,一般采用二轴式变速器,它主要由主动轴、从动轴、主动齿轮、从动齿轮、换挡拉杆、换挡拨叉、同步器等组成(见图3-28)。

2) 自动变速器

自动变速器用于自动挡车型,目前最常用的自动变速器为AT型自动变速器,主要由液力变矩器、换挡执行机构、液压控制系统、行星齿轮组等组成(见图3-29)。

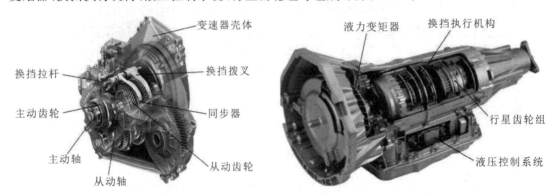

图3-28 手动变速器的构造　　图3-29 自动变速器的构造

3. 万向传动装置

万向传动装置的功用是在汽车上任何一对轴间夹角和相对位置经常发生变化的转轴之间传递动力。它主要用于前置后驱车辆,以在变速器与驱动桥之间传递动力。

它一般由万向节和传动轴组成,对于传动距离较远的分段式传动轴,还需设置中间支承(见图3-30)。

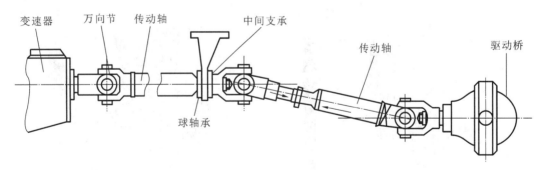

图3-30 万向传动装置的构造

4. 主减速器

主减速器的功用是将变速器传来的转矩增大,并降低转速,以保证汽车在良好的路面上能够得到足够的驱动力和适当的车速。当发动机纵置时,主减速器还具有改变转矩和转速方向的作用。

目前最常用的主减速器类型是单级主减速器,它主要由一对啮合的齿轮组成(见图 3-31)。

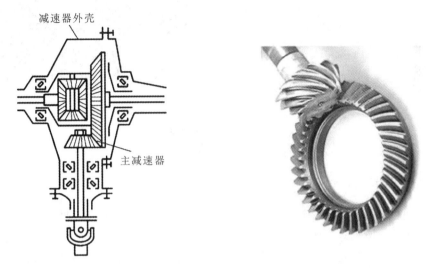

图 3-31　单级主减速器的构造

5. 差速器

差速器的功用是将主减速器传来的动力传给左、右两半轴,并在必要时允许左、右半轴以不同的转速旋转,以满足两侧驱动轮差速的需要。

目前最常用的差速器类型是普通行星齿轮式差速器,它由行星齿轮、半轴齿轮、差速器壳和行星齿轮轴等组成(见图 3-32)。

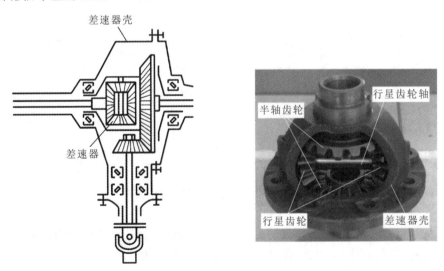

图 3-32　普通行星齿轮式差速器的构造

6. 半轴

半轴的功用是将差速器传来的动力传给驱动轮。半轴的结构因驱动桥结构形式的不同而异,整体式驱动桥中的半轴为一刚性整轴,而转向驱动桥和断开式驱动桥中的半轴则分段并用万向节连接(见图 3-33)。

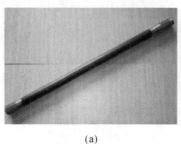

图 3-33 半轴的构造

(a) 刚性半轴　(b) 分段带万向节的半轴

3.4.3 行驶系统

行驶系统的功用是接受由发动机经传动系统传来的转矩,并通过驱动轮与路面之间的附着作用,产生路面对驱动轮的驱动力;支承汽车总质量,传递并承受路面作用于车轮的各向反力及其所形成的力矩;尽可能地缓和不平路面对车身造成的冲击,并使车身振动衰减,以保证汽车的行驶平顺性。

通常汽车底盘的行驶系统由车架、车桥、悬架和车轮组成(见图 3-34)。

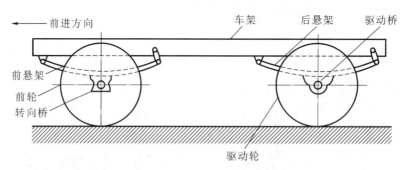

图 3-34 底盘行驶系统的组成

3.4.4 转向系统

转向系统的功用是改变和保持汽车的行驶方向。

汽车底盘的转向系统分为机械式转向系统和动力式转向系统两大类。

1. 机械式转向系统

机械式转向系统(见图 3-35)以驾驶员的体力作为转向能源,所有传递力的构件都是机械的,主要由转向盘、转向轴、转向器、转向横拉杆、转向节臂等部件组成。

2. 动力式转向系统

动力式转向系统是在机械式转向系统的基础上加设一套助力转向装置而形成的。动力式转向系统兼用驾驶员体力和发动机动力作为转向能源,大部分转向能源由动力装置提供。助力转向装置失效时,一般还能由驾驶员独立承担转向任务。目前最常见的动力类型是液压动力。液压动力转向系统由转向油罐、转向油泵、转向油管、整体式转向器等部件组成(见图 3-36)。

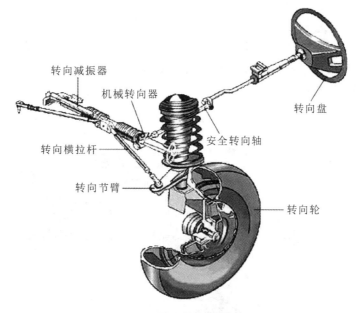

图 3-35 机械式转向系统的组成

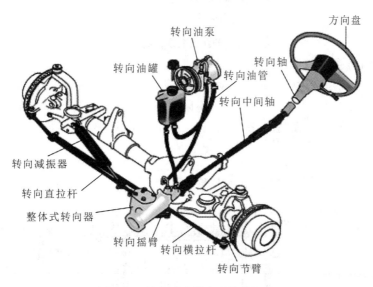

图 3-36 液压动力转向系统的组成

3.4.5 制动系统

制动系统的功用是使行驶中的汽车按照驾驶员的要求强制减速甚至停车；使已经停驶的汽车在各种条件道路下（包括在坡道上）稳定驻车。

制动系统包含行车制动系统、驻车制动系统和制动辅助系统三个部分。

1. 行车制动系统

行车制动系统的功用是在汽车行驶过程中进行减速。目前比较常见的行车制动系统包括液压式制动系统与气压式制动系统两大类，前者主要用于轿车和部分小型货车，而后者主要用于大型的客车和货车。

1) 液压式制动系统

液压式制动系统利用特制油液作为传力介质，将驾驶员施加于制动踏板的力放大后传至制动器，产生制动作用。它主要由制动踏板、真空助力器、制动主缸、制动轮缸及前后车轮制动器、制动管道等部件组成（见图3-37）。

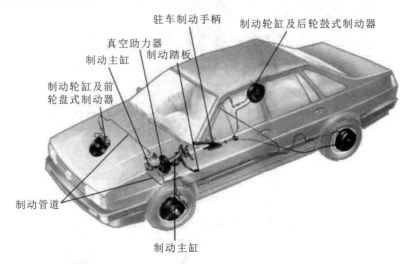

图 3-37 液压式制动系统的组成

2) 气压式制动系统

气压式制动系统是利用压缩空气作动力源的动力制动装置。制动时，驾驶员通过控制制动踏板的行程来控制制动气压的大小，得到不同的制动强度。气压式制动系统主要由空气压缩机、安全阀、储气筒、制动控制阀、制动气室、气压表等组成（见图3-38）。

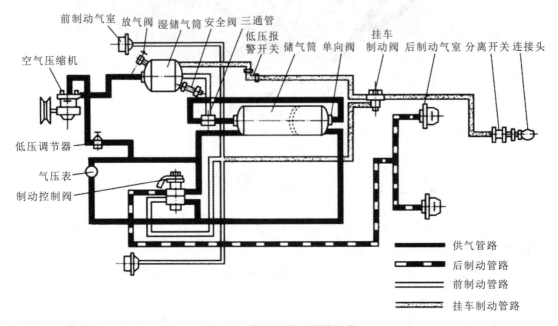

图 3-38 气压制动系统的组成

· 52 ·

2. 驻车制动系统

驻车制动系统的功用是保证停驶后的汽车在原地驻车不动;实现在坡道上起步;行车制动失效时,临时作为应急制动系统。

驻车制动系统按其安装位置可分为中央制动式和车轮制动式两种。中央制动式的驻车制动器安装在变速器或分动器的后面,制动力矩作用在传动轴上,主要应用于客车和货车;车轮制动式的驻车制动器与车轮制动器共用一个制动器总成,但传动机构是相互独立的,主要应用于轿车。中央制动式驻车制动系统的组成如图 3-39 所示。

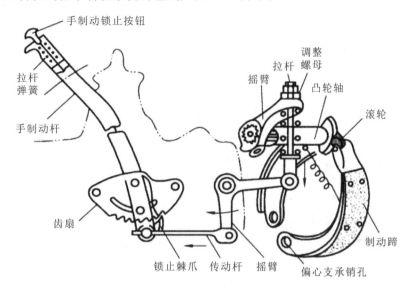

图 3-39 中央制动式驻车制动系统的组成

3. 制动辅助系统

制动辅助系统的功用是提高汽车在制动过程中的方向稳定性,避免车辆在制动过程中出现失控的现象,同时对制动效能也有一定的提升作用。制动辅助系统有很多种类,目前汽车上普遍装配的制动辅助系统为 ABS 系统,即防抱死制动系统。

防抱死制动系统的具体作用如下。

(1) 提高汽车在制动过程中的方向稳定性,防止汽车侧滑甩尾。

(2) 在制动过程中保持对汽车的转向控制。

(3) 缩短制动距离。

(4) 防止轮胎产生严重拖痕,提高轮胎使用寿命。

防抱死制动系统由传感器、制动压力调节器(液压单元)和电子控制器(电控单元)等组成(见图 3-40)。

防抱死制动系统的基本工作原理:汽车制动时,首先由轮速传感器测出与制动车轮转速成正比的交流电压信号,并将该电压信号送入 ECU(电子控制器);由 ECU 中的运算单元计算出车轮速度、滑移率及车轮的加、减速度,再由 ECU 中的控制单元对这些信号加以分析比较,然后向制动压力调节器发出制动压力控制指令,使制动压力调节器中的电磁阀等直接或间接地控制制动压力的增减,以调节制动力矩,使之与地面附着状况相适应,防止制动车轮被抱死。

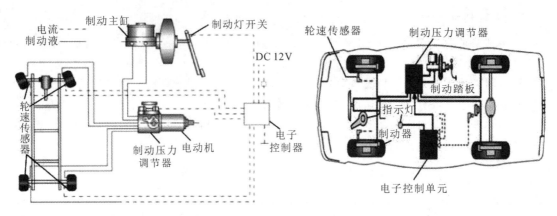

图 3-40 防抱死制动系统的组成

3.5 车身

3.5.1 车身的作用

汽车车身既是驾驶员的工作场所,也是容纳乘员和货物的场所。车身应为驾驶员提供便利的工作环境,为乘员提供舒适的乘坐条件,保护他们免受汽车行驶时的振动、噪声、废气的侵袭以及外界恶劣气候的影响,并且应保证汽车能完好无损地运载货物且装卸方便。汽车车身上的一些结构措施和装备还有助于安全行车和减轻车祸等严重事故的后果。车身应保证汽车具有合理的外部形状,在汽车行驶时能有效地引导周围的气流,减小空气阻力,减少燃料消耗。此外,车身还应有助于提高汽车的行驶稳定性和改善发动机的冷却条件。好的车身不仅能带来更佳的性能,也能体现出车主的个性。

3.5.2 车身的分类

汽车车身从结构形式上说,主要分为非承载式车身和承载式车身两大类(见图 3-41)。

图 3-41 车身
(a)非承载式车身 (b)承载式车身

1. 非承载式车身

非承载式车身的结构特点是有独立的车架,所以也称为车架式车身。车身用弹簧或橡胶垫弹性地固定在车架上面,底盘总成如传动总成、驱动总成、转向总成和发动机总成等部件也安装在车架上。安装和承载的主体是车架,车身只承受所载人员和行李的重量。

2. 承载式车身

承载式车身的结构特点是没有车架,车身是由底板、骨架、内蒙皮和外蒙皮、车顶等组焊而成的刚性框架结构,整个车身构件全部参与承载。由于无车架,因此也称之为无车架式车身。

有一种介于非承载式车身和承载式车身之间的车身结构,可称为半承载式车身。它的车身本体与底架焊接在一起或用螺栓刚性连接,加强了部分车身底架而使其起到车架的作用。例如发动机和悬架都安装在加固的车身底架上,车身与底架成为一体共同承受载荷,这种形式实质上是一种无车架的承载式车身结构。因此,通常只简单地将汽车车身结构划分为非承载式车身和承载式车身。

3.5.3 轿车的车身

轿车车身是现代汽车工业最引以为豪的创新之一,也是现代社会最吸引人们目光的事物之一。现代轿车大多数采用承载式车身。其特点是没有车架,车身就作为发动机和底盘各总成的安装基础,载荷全部由汽车车身承受,因此要求车身具有较大的强度和刚度。

轿车的车身主要由前柱、中柱、前(后)车门、发动机罩、前(后)翼子板、行李箱盖等组成(见图 3-42)。由于轿车是供少量人员乘坐用的,其货箱缩小成了行李箱。若行李箱与驾驶室合为一体,这种形式的车身称为两厢式;若行李箱与驾驶室分开,则称为三厢式。

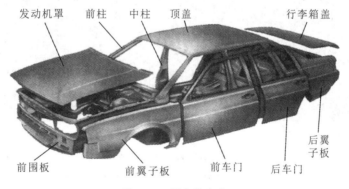

图 3-42 轿车的车身

3.6 电气与电子设备

现代汽车上所装备的电气与电子设备种类繁多、功能各异,主要分为电源和用电设备两大部分。其中电源部分包含蓄电池和发电机。除去前面章节中介绍的发动机用电设备(点火系统和启动系统),其他用电设备主要有:照明及信号装置、仪表系统、音响娱乐系统、雨刮系统、空调系统、安全气囊、电动车窗、电动天窗、电动后视镜、电动方向盘、电动座椅等。

1. 电源系统

汽车电源系统由蓄电池和发电机(见图 3-43)两个电源并联而成,功用是为用电设备提供电能。发动机正常工作时,用电设备主要由发电机供电,但在启动等特定情况下,需由蓄电池供电。目前,汽车电源普遍采用 12 V 电压,但装有大型柴油发动机的汽车电源需用 24 V 电压。

 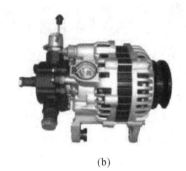

图 3-43 汽车电源系统组成

(a)蓄电池　(b)发电机

2. 照明及信号装置

汽车上装有各种照明装置和信号装置,用以照明道路、标示车辆宽度、照明车厢内部及仪表指示和夜间检修等。此外,在转弯、制动和倒车等工况下,汽车还应发出光信号和声响信号。

1) 照明装置

汽车照明装置的主要功用是夜间行车照明、车厢照明、仪表照明及检修照明。汽车照明装置一般由车外照明灯(主要包括前大灯、前雾灯、倒车灯和牌照灯)和车内照明灯(主要包括顶灯、行李箱灯和发动机室灯)等组成(见图 3-44)。

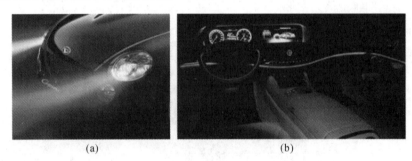

图 3-44 汽车照明装置

(a)车外照明灯　(b)车内照明灯

2) 信号装置

汽车信号装置包含信号灯(见图 3-45)与声响信号装置。信号灯是用来指示其他车辆或行人的灯光信号标志,主要有转向灯、示宽灯、制动灯等。声响信号装置包括行车喇叭、音响报警器、倒车警示器等。

图 3-45 汽车信号灯

3. 仪表系统

现代汽车普遍采用电子组合仪表,它是将各单个电子仪表有机组合在一起集中显示有关汽车行驶信息的仪表总成。汽车仪表系统通常由电子式车速表、里程表、发动机转速表、冷却液温度表、燃油表、警告灯及故障指示灯等组成(见图3-46)。

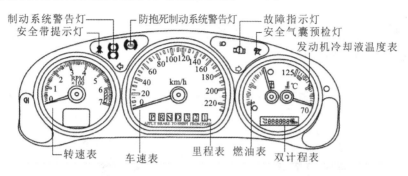

图 3-46　汽车仪表系统

组合仪表可向汽车驾驶员发出与车辆行驶工况、状态有关的信息和各种警告信号,为驾驶员适时提供服务,确保汽车高效、安全运行。

4. 音响娱乐系统

一般汽车的音响娱乐系统主要由收音机、CD/DVD/MP3播放器、放大器、扬声器、控制开关、天线、主机等部件组成(见图3-47)。某些高档轿车上还加装了车载显示器和车载电话。音响娱乐系统的功用是为驾驶员和乘员提供音频、视频、广播节目播放等娱乐功能,并为驾驶过程中的电话拨打接听提供便利。

图 3-47　汽车音响娱乐系统

5. 雨刮系统

雨刮系统用来刮去前后风窗玻璃上的雨水、霜雪和尘土,提高在雨雪天气行驶时驾驶员的道路能见度,保障行车安全。其具体结构组成如图3-48所示。

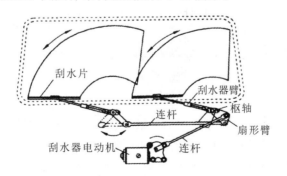

图 3-48　汽车雨刮系统

6. 空调系统

空调系统用来对汽车室内空气的温度、湿度、流速和清洁度等参数进行调节，使乘员感到舒适，并预防或去除风窗玻璃上的雾、霜和冰雪，保证行车安全和乘员身体健康。

空调系统一般由制冷系统、暖风系统、通风系统等部分组成。

1）制冷系统

制冷系统的作用是为汽车空调系统提供冷源。它一般由压缩机、冷凝器、储液罐、膨胀阀、蒸发器、风扇等组成（见图3-49）。

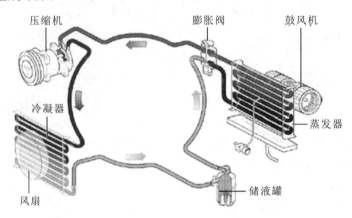

图3-49 汽车空调制冷系统

2）暖风系统

暖风系统的功用是为汽车空调系统提供热源。它一般由热交换器、暖风箱、水管等组成（见图3-50）。

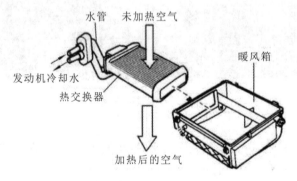

图3-50 汽车空调暖风系统

3）通风系统

通风系统的功用是为汽车空调系统提供风源，并可以对进入驾驶室内的气流进行风向控制。它一般由鼓风机、风门、配风箱等组成（见图3-51）。

7. 安全气囊

在发生碰撞事故时，安全气囊系统中的碰撞传感器感受汽车碰撞强度；当汽车碰撞超过一定强度时，系统就发出点火指令，使气体发生器内的电子点火器点火，气体发生剂受热分解，迅速产生大量的气体，在乘员的前部或周围形成充满气体的气囊，以达到保护乘员的作用（见图3-52）。

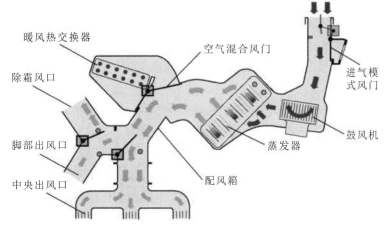

图 3-51 汽车空调通风系统

图 3-52 汽车安全气囊工作过程

很多汽车上除装配有较多的安全气囊之外,还装配了预紧式安全带,在车辆发生剧烈碰撞时,除了安全气囊会起作用,预紧式安全带中的预张紧器也会通过气体发生器产生动作,瞬间拉紧安全带,进一步保护乘员。

8. 电动车窗等舒适电气装置

为了提高驾驶员和乘员在乘车过程中的便利程度和舒适度,汽车上越来越多地装配利于提升乘员舒适体验的电气装置,包括电动车窗、电动天窗、电动后视镜、电动方向盘、电动座椅等。这些电气装置在大大改善乘员的操作便利性的同时,也提高了行车的安全性。

3.7 汽车的性能指标

汽车的性能指标主要包含汽车的动力性、燃油经济性、制动性、操纵稳定性、行驶平顺性以及通过性。

3.7.1 汽车的动力性

汽车的动力性是指汽车在良好路面上直线行驶时,由汽车受到的纵向外力决定的、所能达到的平均行驶速度。它表示汽车以最大可能的平均行驶速度运送货物或乘员的能力。汽车的动力性是汽车各种性能中最基本、最重要的性能。

汽车动力性主要可由下面三个指标来评定。

(1) 汽车的最高车速 最高车速(单位为 km/h)是指汽车在平直、良好道路(混凝土路或柏油路)上所能达到的最高行驶车速。

(2) 汽车的加速时间　汽车的加速时间(单位为 s)表示汽车的加速能力。常用原地起步加速时间和超车加速时间来表示。

(3) 汽车的最大爬坡度　最大爬坡度(单位为(°),也可用百分数表示)是指汽车满载时用变速器最低挡位在良好路面上等速行驶所能克服的最大道路坡度。

3.7.2　汽车的燃油经济性

汽车的燃油经济性是指汽车以最少的燃料消耗量完成单位运输工作的能力,它是汽车的主要使用性能之一。

汽车燃油经济性评价指标是单位行程的燃油消耗量。而单位行程的燃油消耗量常用一定运行工况下汽车行驶 100 km 的燃油消耗体积(L)来表示,燃油消耗体积越小,则汽车的燃油经济性就越好。根据汽车燃油消耗试验工况的不同,单位行程的燃油消耗量主要有以下两种表示方法。

1. 等速百公里油耗

等速百公里油耗(L/100 km)是常用的一种评价指标,指汽车在一定的载荷下,以最高挡在水平良好路面上等速行驶 100 km 的燃油消耗量,通常根据汽车等速行驶一定的里程折算成 100 km 的燃油消耗体积。

等速百公里油耗是一种单项评价指标。由于等速百公里油耗试验没有模拟汽车实际行驶过程中频繁出现的加速、减速、怠速等非稳定行驶工况,因此,它只能反映汽车在一定车速下的燃油经济性,而不能全面考核汽车运行的燃油经济性。

2. 循环工况百公里油耗

循环工况百公里油耗(L/100 km)是按规定的循环行驶试验工况来模拟汽车的实际运行工况,折算成 100 km 的燃油消耗量。所模拟的运行工况主要有换挡、怠速、加速、减速、等速、离合器脱开等工况。

循环工况百公里油耗是一项综合性评价指标。由于循环工况百公里油耗试验考虑了汽车的实际运行工况,因此,该指标可以全面地评价汽车的燃油经济性。

3.7.3　汽车的制动性

汽车的制动性是指强制汽车在短距离内减速、停车、控制下坡速度且维持行驶方向的稳定性和保证汽车较长时间停放在斜坡上的能力。汽车制动性是汽车的重要使用性能之一。它属于汽车主动安全的范畴。

汽车制动性主要可由下面三个指标来评定。

1) 制动效能

制动效能是指汽车迅速降低行驶速度直至停车的能力。制动效能是制动性最基本的评价指标。它是由一定初速度下的制动时间、制动距离、制动力和制动减速度来评定的。

2) 制动效能的恒定性

制动效能的恒定性是指汽车高速制动、短时间内多次重复制动或下长坡连续制动时制动效能的热稳定性。

3) 制动时的方向稳定性

制动时的方向稳定性是指汽车在制动时,按指定轨迹行驶的能力,即不发生跑偏、侧滑或甩尾失去转向能力等现象。

3.7.4　汽车的操纵稳定性

汽车的操纵稳定性是指在驾驶员不感到过分紧张、疲劳的条件下,汽车能遵循驾驶员通过操控转向系统及转向车轮给定的方向行驶,当遭遇外界干扰时,汽车能抵抗干扰而保持稳定行驶的能力。

汽车的操纵稳定性包含着互相联系的两部分内容,一是操纵性,二是稳定性。操纵性是指汽车能及时准确地按驾驶员的转向指令转向;稳定性则是指汽车受到外界干扰后,能自行恢复正常行驶的方向,而不发生侧滑、倾覆、失控等现象。

汽车的操纵稳定性不仅影响汽车驾驶的操纵方便程度,而且也是决定汽车能否高速安全行驶的一个主要性能。汽车操纵稳定性与下列因素相关:

(1) 在一定车速下,汽车质心轨迹曲线与转向盘转角的关系;

(2) 在以一定角速度转动转向盘时,汽车转向角速度与时间的关系;

(3) 汽车在圆周行驶时,其转向盘上的作用力与汽车侧向加速度的关系;

(4) 为保证以额定车速行驶时汽车的轨迹曲率半径能按额定要求变化,而必须在转向盘上施加的作用力。

3.7.5　汽车的行驶平顺性

汽车的行驶平顺性是指汽车能吸收行驶时所产生的各种冲击和振动的能力。即汽车在行驶过程中产生的振动和冲击环境对乘员舒适性的影响应保持在一定范围之内。对于载货汽车,汽车的行驶平顺性还包括保持货物完好的性能。行驶平顺性既是决定汽车舒适性最主要的因素,也是评价汽车性能的重要指标。

乘坐者的舒适程度决定了对汽车行驶平顺性的评价。

3.7.6　汽车的通过性

汽车的通过性是指在一定车载质量下,汽车能以足够高的平均车速通过各种坏路及无路地带和克服各种障碍的能力。坏路及无路地带,是指松软土壤、沙漠、雪地、沼泽等松软地面及坎坷不平地段;障碍,是指陡坡、侧坡、台阶、壕沟等。

汽车通过性分为轮廓通过性和牵引支承通过性。前者表征车辆通过坎坷不平路段和障碍的能力,后者表征车辆能顺利通过松软土壤、沙漠、雪地、冰面、沼泽等地面的能力。

在松软地面上行驶时,汽车驱动轮对地面施加向后的水平力,使地面发生剪切变形,相应的剪切变形所构成的地面水平反作用力,称为土壤推力。通常,土壤推力比汽车在一般硬路面上行驶时的附着力要小得多。汽车在松软地面上行驶时也受到土壤阻力的作用。土壤阻力包括因轮胎对土壤的压实作用、推移作用而产生的压实阻力、推土阻力,以及充气轮胎变形引起的弹滞损耗阻力。它比汽车在硬路面上的滚动阻力大得多。因此,在松软地面上行驶的汽车经常不能满足汽车行驶附着条件的要求。

汽车的通过性主要取决于汽车的支承-牵引参数及几何参数,也与汽车的其他性能,如动力性、行驶平顺性、操纵稳定性等密切相关。

3.8 汽车新技术

随着经济与社会的发展,人们对汽车的使用性能和安全环保性能提出了更高的要求。传统的汽车机械装置已经无法满足这些需求。以电子技术和信息技术为核心的汽车工业技术革新、技术发明层出不穷,新能源、新材料、电子技术、计算机技术等与汽车融为一体而形成的现代汽车技术应运而生。世界汽车技术的发展趋势可以用"节能、环保、安全、智能"八个字来概括。

本节按照节能、环保、安全、智能四个方面对汽车常见的新技术进行分类介绍,并单独介绍新能源汽车相关技术,以帮助读者了解汽车技术的发展趋势。

3.8.1 汽车节能新技术

1. 发动机节能新技术

发动机节能技术是汽车节能的关键,目前在发动机上采用的节能新技术包括电控燃油喷射技术、缸内直喷技术、进气增压技术、可变气门正时技术、可变长度进气歧管技术、发动机停缸技术、发动机启停技术等。

1) 电控燃油喷射技术

电子控制燃油喷射(EFI),简称电控燃油喷射。电控燃油喷射系统是汽油机取消化油器后采用的一种先进的喷油装置,目前在汽油机上已经普及。该系统可使得在汽油机混合气形成过程中,液体燃料的雾化得到改善,更重要的是安装了电控燃油喷射系统的汽油机可以根据工况的变化精确地控制燃油喷射量,使燃烧更充分,从而提高功率,降低油耗,并满足排放法规的要求。

电控燃油喷射系统主要由进气系统、燃料系统和控制系统三大部分组成(见图3-53)。

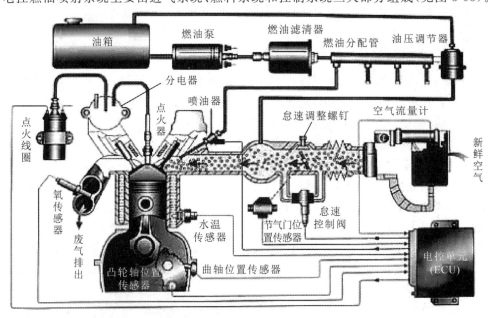

图 3-53 电控燃油喷射系统的组成

2) 缸内直喷技术

缸内直喷(GDI)就是直接将燃油喷入气缸内与进气混合(见图3-54)。汽油发动机缸内直喷技术源于柴油发动机喷油技术,该技术使汽油发动机能像柴油发动机那样具备较高的燃烧效率,达到节省燃油的目的。

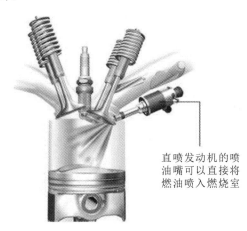

图 3-54 缸内直喷技术

缸内直喷式汽油发动机的优点是油耗量低,升功率大,压缩比高达12,与同排量的一般发动机相比功率与扭矩都高10%。发动机的喷射压力也进一步提高,使燃油雾化更加细致,真正实现了精准地按比例控制喷油并与进气混合,并且消除了缸外喷射的缺点。同时,喷嘴位置、喷雾形状、进气气流控制,以及活塞顶形状等方面的特别设计,使油气能够在整个气缸内充分、均匀地混合,从而使燃油充分燃烧,能量转化效率更高。

3) 进气增压技术

发动机进气增压技术就是将空气预先压缩后供入气缸,以提高空气密度、增加进气量的技术。这种技术除了可以使发动机进气量增加,还可以增加循环供油量,从而提高发动机功率,得到良好的加速性能,同时改善燃油经济性。

目前比较常见的进气增压技术包括废气涡轮增压和机械增压两种,相应的增压器分别如图3-55(a)(b)所示。废气涡轮增压器是利用发动机排气能量驱动增压器来实现进气增压的,机械增压器则是利用曲轴驱动增压器来实现进气增压的。也有部分汽车发动机同时使用了两种增压方式,称为双增压发动机。

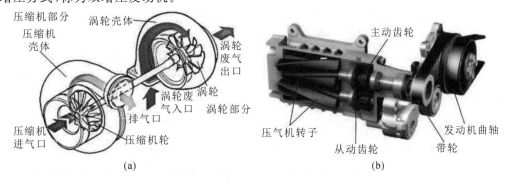

图 3-55 两种发动机进气增压器
(a)废气涡轮增压器 (b)机械增压器

4）可变气门正时技术

传统发动机的配气相位和升程是固定不变的,不能使发动机在各种工况下都得到最佳的配气正时。可变气门正时(VVT)技术指的是发动机气门升程和配气相位定时可以根据发动机工况实时调节的技术。可变气门正时技术可分为三种:可变气门配气相位技术、可变气门升程技术和可变相位及升程技术。图 3-56 所示分别为采用可变气门配气相位技术和采用可变气门升程技术的可变气门正时系统。

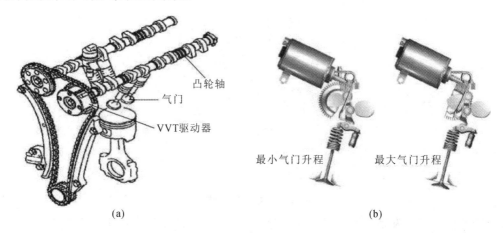

图 3-56　两种发动机可变气门正时系统

(a)采用可变气门配气相位技术的系统　(b)采用可变气门升程技术的系统

可变气门正时系统是一种改变气门开启时间或开启大小的电控系统,通过在不同转速下为车辆匹配更合理的气门开启或关闭时刻,来增强车辆扭矩输出的均衡性,从而提高发动机功率并降低车辆的油耗。

5）可变长度进气歧管技术

发动机的进气道是连接进气门和进气总管的,进气歧管设计的形状也能直接影响发动机的性能。随着进气门的开启和关闭,在进气歧管内会产生压力波动,形成吸气波和压力波,并以声速传播。进气歧管的长度必须根据发动机转速而调整,以保证最高压力波在进气门关闭以前到达进气门,从而提高进气量。发动机 ECU 根据转速信号控制驱动电动机来调整进气歧管开度,从而改变进气歧管的长度。发动机 ECU 根据发动机转速调整进气歧管长度,低速时使用长进气歧管来增大发动机转矩,高速时使用短进气歧管来提高发动机功率(见图 3-57)。

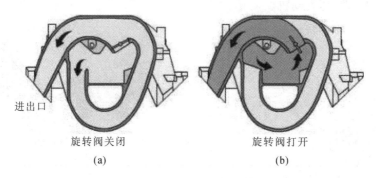

图 3-57　可变长度进气歧管

(a)低速时　(b)高速时

6) 发动机停缸技术

停缸技术也称为可变排量技术,是指当发动机在部分负载下运行时,通过相关机构切断部分气缸的燃油供给、点火和进排气通道,停止部分气缸工作,使剩余工作气缸负载率增大,以提高效率、降低燃油消耗的技术。

汽车停缸系统的控制计算机根据汽车负载情况(节气门位置、发动机转速、车速、挡位、水温、空调等)确定汽车是否达到停缸条件,以及如何停缸。在需要停缸时,通过停缸机构即刻关闭对应气缸的进排气门,同时相应的喷油系统也被关闭,以达到节能减排的目的。

7) 发动机启停技术

启停技术指的是可实现如下功能的技术:汽车在行驶过程中临时停车(例如等红灯)时,发动机自动熄火而停止运转;当汽车需要继续前进的时候,系统自动重启发动机。

汽车启停系统的控制计算机根据汽车的一些运行参数(车速、挡位、空调开启温度、蓄电池电量等)情况确定是否达到启停条件。在需要自动熄火时,汽车的点火和喷油通道被切断,从而达到节能减排的目的。

2. 汽车轻量化节能技术

随着人们对汽车安全性、舒适性及环保性要求的提高,以及汽车安装空调、安全气囊、隔热隔声装置、废气净化装置、卫星导航系统等的普及,汽车的质量、耗油量和耗材量都在不断增大。

减小汽车自身质量是节约能源的基本途径之一。世界铝业协会的报告指出,汽车自身质量减小10%,燃油消耗量可降低6%~8%。汽车轻量化是目前的研究前沿和热点问题,已成为汽车优化设计和选材的主要发展方向。

轻量化的主要途径是广泛采用超轻高强度钢板、铝合金、镁合金、塑料和碳纤维复合材料等轻质材料(见图3-58)。

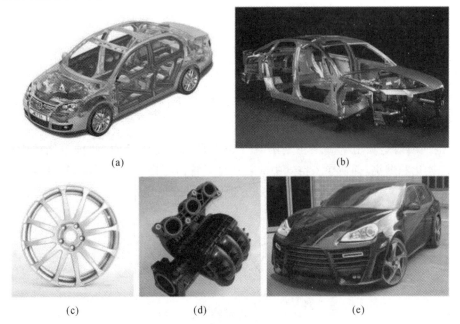

图 3-58 汽车轻量化材料

(a)超轻高强度钢板车身 (b)全铝车身 (c)镁合金车轮 (d)塑料进气歧管 (e)碳纤维复合材料车身

3.8.2 汽车环保新技术

随着我国汽车工业的迅速发展,汽车保有量急剧增加,由此产生的环境污染问题日益严重。为此,环保成为目前的热点问题,汽车也在排放控制方面使用了一些新的技术。汽车的节能技术对于减排也是同样有帮助的。本部分主要介绍减排方面的发动机后处理净化技术,包含三元催化技术、二次空气喷射技术、废气再循环技术等。

1. 三元催化技术

三元催化技术是目前应用最多的汽油机废气后处理净化技术。三元催化是指将汽车尾气中的 CO、HC 和 NO_x 等有害气体通过氧化和还原作用转变为无害的 CO_2、H_2O 和 N_2 的催化技术。该技术主要利用三元催化器来实现。三元催化器的载体部件是一块多孔陶瓷材料,安装在特制的排气管当中。称该陶瓷材料部件为载体,是因为它本身并不参加催化反应,它上面覆盖着一层铂、铑、钯等贵重金属和稀土涂层,是安装在汽车排气系统中重要的机外净化装置(见图 3-59)。

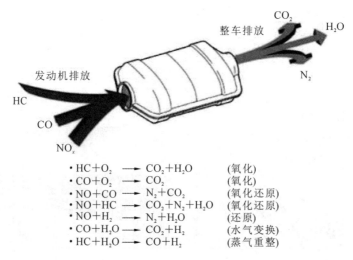

图 3-59 三元催化技术

2. 二次空气喷射技术

二次空气喷射是利用空气泵将新鲜空气送入发动机排气管内,使排出气体中的 HC 和 CO 进一步氧化和燃烧,即使导入空气中的氧在排气管内与排出气体中的 HC 和 CO 进一步化合形成水蒸气和 CO_2,从而降低 HC 和 CO 的排放量(见图 3-60)。

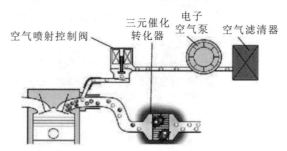

图 3-60 二次空气喷射技术

3. 废气再循环技术

废气再循环(EGR)是指汽车发动机在燃烧后将一部分废气重新引入发动机进气系统,使之与混合气一起再进入气缸燃烧。其主要目的是减少排出气体中的氮氧化物(NO_x)并在部分负载时提高燃料经济性(见图3-61)。

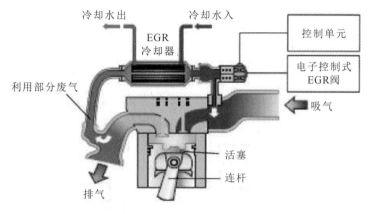

图3-61 废气再循环技术

3.8.3 汽车安全新技术

汽车行驶安全性是世界汽车技术发展中备受关注的热点问题之一。在汽车的安全性研究和现有的汽车安全技术中,汽车的安全性分为主动安全性和被动安全性两大类。

1. 汽车主动安全技术

主动安全技术通过对汽车有效的优化和设计,主动预防事故的发生,比如前文提到的ABS就属于主动安全技术的范畴,其他常见的主动安全技术涉及以下一些装置。

1) 电子制动力分配(EBD)系统

EBD系统能够根据汽车制动时前后轴载荷转移的不同,自动调节前、后轴的制动力分配比例,提高制动效能并配合ABS提高制动稳定性。

汽车制动时,四只轮胎附着的地面条件往往不一样。比如,有时左前轮和左后轮附着在干燥的水泥地面上,而右前轮和右后轮却附着在水中或泥水中。这种情况会导致汽车制动时四只轮子与地面之间的摩擦力不一样,制动时容易造成打滑、倾斜和车辆侧翻事故。

EBD系统利用高速计算机在汽车制动的瞬间,分别对四只轮胎附着的地面进行感应、计算,得出各自的摩擦力数值,四只轮胎的制动装置会根据不同的情况采用不同的方式和力量制动,并在运动中不断地高速调整,保证车辆的平稳和安全。

2) 电控辅助制动(EBA)系统

EBA系统利用ABS执行器内的压力传感器来探测制动踏板被踩下的速度和力,让电控单元推算驾驶员紧急制动意愿,以便增加制动力,使制动系统发挥最佳性能。对于装有EBA系统的汽车,也可采用踏板行程传感器来探测踏板被踩下的高度。

如果属于非常紧急的制动,EBA系统就会指示制动系统——ABS执行器产生更高的油压,从而使制动力快速产生,制动距离减小。而对于正常情况刹车,EBA系统则会通过判断不予启动ABS执行器。

3) 牵引力控制系统(TCS)

TCS 是一个循环控制系统,又称驱动防滑(ASR)系统。汽车在光滑路面制动时,车轮会打滑,甚至方向失控。同样,汽车在起步或急加速时,驱动轮也有可能打滑,在冰雪等光滑路面上会使汽车方向失控而发生危险。

TCS 依靠电子传感器探测从动轮速度,当从动轮速度低于驱动轮速度时,会发出一个信号,调节点火时间、减小气门开度、减小油门、降挡或制动车轮,从而使车轮不再打滑。TCS 可以提高汽车行驶稳定性,提高汽车的加速性能和爬坡能力。TCS 和 ABS 相互配合使用时,会进一步增强汽车的安全性能。

4) 车身电子稳定系统(ESP)

ESP 不但能控制驱动轮,而且可以控制从动轮。如后轮驱动汽车时会出现转向过度的情况,后轮会失控而甩尾,此时 ESP 能通过对外侧前轮的适度制动来稳定车辆。汽车转向不足时,ESP 则会对内后轮进行制动,从而校正行驶方向(见图 3-62)。

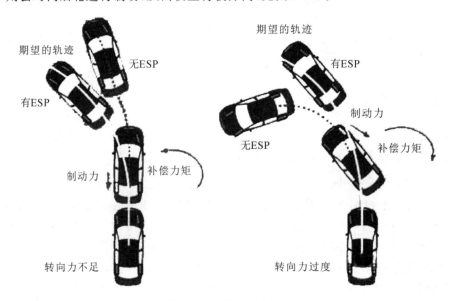

图 3-62　ESP 工作过程

ESP 会随时监控汽车的行驶状态,当汽车在紧急闪避障碍物、过弯时出现转向不足或转向过度时,它都能帮助车辆克服偏离理想轨迹的倾向。实际上 ESP 是一套计算机程序,通过对各传感器传来的车辆行驶状态信息的分析,向 ABS、TCS 等发出纠偏指令来帮助车辆维持动态平衡。

5) 四轮转向系统

四轮转向系统(4WS)是基于一个安装在后悬架上的后轮转向机构而工作的,它能够在驾驶员操纵方向盘时使汽车前后四个车轮转动,从而不仅提高高速时的稳定性和可控制性,而且提高低速时的转向轻便性(见图 3-63)。

在汽车高速行驶时,四轮转向系统使后轮与前轮同向转向,以减小车辆转向时的旋转运动速度,改善高速行驶的稳定性;在汽车低速行驶时,四轮转向系统使后轮与前轮逆向转向,以改善车辆低速行驶时的操纵轻便性,减小转弯半径,提高快速转向性能,增强驾驶过程中的安全性。

6）主动转向系统

主动转向系统可通过汽车转向盘转角和车速综合计算并判断汽车的转向运动状态,在驾驶员通过转向盘给前轮施加转向角的基础上,采用电子控制方式,通过执行电动机给前轮叠加一个转角(见图 3-64)。

图 3-63　四轮转向系统

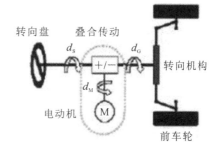

图 3-64　主动转向系统

当车速较低时,执行电动机与转向管柱会同方向转动,以增大转向角度;而当车速较高时,执行电动机与转向管柱将反方向转动,从而减小转向角度。这样可以保证低速转向的敏捷性和高速转向的方向稳定性。

7）轮胎安全系统

在汽车高速行驶的过程中,轮胎故障是所有驾驶员最为担心也是最难预防的问题,也是导致突发性、恶性交通事故的重要原因。

常用的轮胎安全技术有轮胎压力监测技术、安全轮胎技术等。

(1) 轮胎压力监测系统　轮胎压力监测系统分为间接式和直接式轮胎压力监测系统。间接式轮胎压力监测系统通过 ABS 系统中各车轮轮速传感器的信号对比来判断是否有轮胎压力异常;直接式轮胎压力监测系统则是通过压力传感器监测轮胎气压,并通过无线调制将检测信号发送到驾驶台的监视器上,驾驶员可以直观地观察各轮胎的气压状况(见图 3-65)。

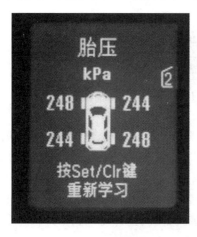

图 3-65　直接式轮胎压力监测系统

(2) 安全轮胎　安全轮胎分为三种:自体支承式、自封式和加物支承式(见图 3-66)。自体支承式轮胎内部结构的强度比普通轮胎更高,胎侧比普通轮胎更厚,在轮胎失压的情况下可以暂时支承汽车的重量。自封式轮胎内部有一层特殊的密封胶,可以在轮胎被扎破(扎破的地方不能太大)时从轮胎内部永久密封住被扎破的地方。加物支承式轮胎在轮辋外缘加装有一圈支承圈,轮胎失压后,主要由支承圈来承担车身重量。

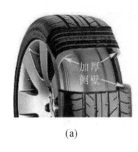 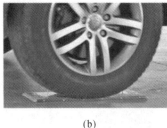 

(a) (b) (c)

图 3-66 汽车安全轮胎

(a)自体支承式轮胎 (b)自封式轮胎 (c)加物支承式轮胎

8) 自适应前照灯

面对夜间行驶时各种复杂的路况,智能照明系统能增强行驶安全性。自适应前照灯系统(见图 3-67)是一种智能前照灯系统,它能根据周围环境的变化主动对前照灯做出调整以适应环境。针对不同的环境,自适应前照灯有六种照明模式:默认照明模式、高速公路照明模式、乡村照明模式、城市照明模式、弯道照明模式和恶劣天气照明模式。

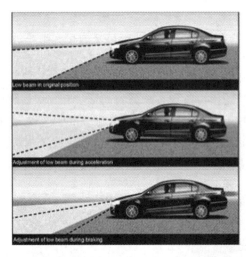

图 3-67 自适应前照灯系统

9) 夜视辅助系统

夜视辅助系统是一种源自军事用途的汽车驾驶辅助系统。在该辅助系统的帮助下,驾驶员在夜间或弱光线下的驾驶过程中会获得更高的预见能力,它能够针对潜在危险向驾驶员提供更加全面准确的信息或发出早期警告。

目前汽车夜视辅助系统主要使用的是热成像技术,也称为红外线成像技术。该技术的原理为:车前方安装一个红外照射灯,发射出不可见的红外线,红外线遇到障碍后会反射回来,被CCD摄像机接收,经视频处理后会在车载显示器上显示外界路况(见图 3-68)。

10) 抬头数字显示系统

抬头数字显示(HUD)系统,又称为平视显示系统,它可将仪表中的重要信息通过投影的

图 3-68 夜视辅助系统

方式映射在风窗玻璃上,使驾驶员不必低头就能看清这些信息(见图 3-69)。这种显示系统原本是军用战斗机上的显示系统,后来汽车厂家把它移植到了汽车上。

11) 车道偏离预警系统

车道偏离预警系统是一种通过报警的方式辅助驾驶员,避免汽车因车道偏离而发生交通事故的系统。

该系统借助车辆前部的摄像头提供智能的车道偏离预警,在驾驶员无意识(未打转向灯)偏离原车道时,能在偏离车道 0.5 s 之前发出警报,为驾驶员提供更多的反应时间,从而大大减少车道偏离引发的碰撞事故(见图 3-70)。

图 3-69 抬头数字显示系统

图 3-70 车道偏离预警系统

12) 疲劳预警系统

疲劳预警系统是一种基于驾驶员生理反应特征所设计的预警系统。当前被采用最多的疲劳检测手段是驾驶员驾车行为分析,即通过记录和解析驾驶员转动方向盘、踩刹车等行为特征,判别驾驶员是否疲劳。当系统认为驾驶员存在疲劳驾驶的情况时,会发出相应的警告,避免交通事故的发生。

13) 主动防撞系统

采用汽车主动安全技术的主要目是消除事故隐患,避免事故发生。主动防撞系统是汽车主动安全领域的一个重要研究方向,其原理是采用雷达、红外线等多种方式来监测车辆周围的道路交通状况,一旦发现有两车相撞的危险时,就会给驾驶员发出提醒信号,或者自动采取制动、转向等措施来避免碰撞(见图3-71)。

图3-71 主动防撞系统

2.汽车被动安全技术

被动安全性主要是指汽车在发生意外碰撞事故时,对驾乘人员进行保护,尽量减少其所受的伤害的性能。前文提到的安全气囊就属于被动安全技术的范畴,其他常见的被动安全技术包括以下几种。

1) 预紧式安全带

预紧式安全带会在汽车发生碰撞事故的一瞬间,乘员尚未向前移动时就首先拉紧织带,立即将乘员紧紧地绑在座椅上,然后锁止织带,防止乘员身体前倾,可有效保护乘员。预紧式安全带中起主要作用的卷收器与普通安全带的不同,除了具有同普通卷收器一样的收放织带功能外,还具有当车速发生急剧变化时,在0.1 s左右的时间内迅速加强对乘员的约束力的功能。因此预紧式安全带还有控制装置和预拉紧装置(见图3-72)。

图3-72 预紧式安全带

2) 主动式头枕

主动式头枕除了是舒适装备外,还是一件安全保护装置,它可以在车辆承受突然撞击,乘员头部快速往后冲时,作为头部支撑,可以保护头部,更可以避免颈椎受到伤害(见图3-73)。

更先进的主动式头枕的原理是:在座椅下方设计一个机械装置、一个管状框架和压力板,最后利用一个旋转轴将整个系统连接于接近座椅底部的位置,而这个管状框架的路径以一组座椅顶端的横轴导管控制。当车辆承受突然撞击,驾驶员身体往后压时,会迫使导管上升而使头枕向前倾,抵住头部,防止头部快速后仰,从而保护头部及颈椎。

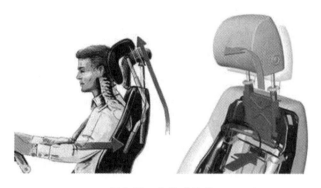

图 3-73 主动式头枕

3) 行人保护系统

行人保护系统包括发动机盖弹升系统和发动机盖气囊两部分。

(1) 发动机盖弹升系统　汽车与行人发生碰撞时,如果速度很快的话,行人就会被撞得飞起,然后头部撞在发动机罩或前挡风玻璃上。由于发动机罩下面就是坚硬的发动机,如果直接相撞的话,会对行人造成非常严重的伤害,因此,要想保护好行人的头部,发动机罩和发动机之间就必须有足够的缓冲距离。但是,这个缓冲距离过大的话会增加发动机舱的高度,影响整车的风阻系数。

发动机盖弹升技术很好地解决了这个问题,当车辆撞到行人时,发动机盖会自动弹升以留出较大的缓冲距离,在碰撞中能更有效地减轻对行人头部的伤害(见图 3-74)。

图 3-74 发动机盖弹升系统

(2) 发动机盖气囊　发动机盖气囊是设置在汽车发动机盖内的安全气囊,当碰撞传感器确认车辆同行人发生碰撞时,该气囊便在车前张开,从而减轻行人同车碰撞后受到的伤害(见图 3-75)。

图 3-75 发动机盖气囊

3.8.4 汽车智能新技术

智能汽车是一个集环境感知、规划决策及多等级辅助驾驶等功能于一体的综合系统，它集中应用了计算机、现代传感、信息融合、通信、人工智能及自动控制等技术，是典型的高新技术综合体。近年来，汽车智能新技术已经成为世界汽车领域研究的热点和汽车工业增长的新动力。比较常见的汽车智能新技术如下。

1. 自适应巡航控制（ACC）系统

自适应巡航也可称为主动巡航，是一种基于传感器识别技术的智能控制。相比于只能根据驾驶员设置的速度进行恒定速度巡航的传统巡航控制系统，自适应巡航控制系统可以对前方车辆进行识别，从而实现"前车慢我就慢，前车快我就快"的智能跟车效果（见图 3-76）。自适应巡航控制的原理是根据车辆前部的雷达传感器，自动调节车速，以保持本车与前车的设定距离，从而大大地提高驾驶的舒适性。

图 3-76 自适应巡航控制系统的作用

2. 自动泊车系统

自动泊车系统就是不用人工干预，自动停车入位的系统。其原理是先利用遍布车辆周围的雷达探头测量自身与周围物体之间的距离和角度，然后通过车载计算机计算出操作流程，配合车速调整方向盘的转动，这期间驾驶员只需要控制车速即可（见图 3-77）。

图 3-77 自动泊车系统的作用

3. 无人驾驶汽车

无人驾驶汽车是一种智能汽车,也可以称为轮式移动机器人,主要依靠车内以计算机系统为主的智能驾驶仪来实现无人驾驶。无人驾驶汽车集自动控制、体系结构、人工智能及视觉计算等众多技术于一体,是计算机科学、模式识别技术和智能控制技术高度发展的产物,也是衡量一个国家科研实力和工业水平的重要指标,在国防和国民领域有着广阔的应用前景。

4. 汽车的其他智能技术

(1) 智能钥匙　当驾驶员携带智能钥匙靠近汽车 1 m 范围以内时,不需要按钥匙按钮,系统就能识别钥匙,驾驶员只需拉动把手就可打开车门。上车后,驾驶员也只需一个按键动作即可启动点火开关。这是依靠钥匙与车辆内部天线的无线信息交换来实现的。

(2) 智能悬架　智能悬架又称为电控悬架。汽车的智能悬架可根据路面情况和驾驶情况自动调节悬架弹性元件的刚度和减振器的阻尼。此外,智能悬架还可以调节汽车底盘的高度,以适应不同的路况。这些功能是依靠刚度和高度可变的空气弹簧,以及阻尼可变的电磁减振器配合实现的。

(3) 智能轮胎　智能轮胎是在普通轮胎内装有计算机芯片或将芯片与轮胎相连接而形成的。计算机芯片能自动监控并调节轮胎的行驶温度和气压,使轮胎在不同条件下都能保持最佳的运行状况,从而既提高安全系数又节省开支。更先进的智能轮胎还能在探测出结冰的路面后变软,使牵引力更好;在探测出路面的潮湿程度后,自动改变轮胎的花纹,以防打滑。

3.8.5　新能源汽车技术

随着石油资源的日益减少,新能源汽车将成为未来汽车的重要发展方向。目前研究的新能源汽车包括纯电动汽车、混合动力汽车、燃料电池汽车、太阳能汽车和代用燃料汽车等。

1. 纯电动汽车

纯电动汽车(EV)是指利用单一蓄电池作为动力,用电动机驱动行驶的汽车(见图 3-78),不包括无轨电车及在车站、码头或厂内使用的电动叉车和普通的电瓶车。

图 3-78　纯电动汽车

1) 纯电动汽车的基本组成

纯电动汽车主要由动力电池组、控制系统及驱动电动机等组成(见图 3-79)。

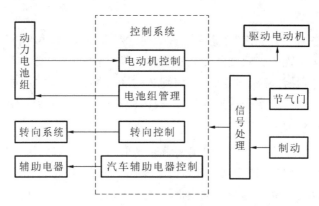

图 3-79 纯电动汽车的组成

(1) 动力电池组　它是纯电动汽车的动力源。目前广泛应用的电池组是锂离子电池组,它由若干单体电池组成。

(2) 控制系统　它的主要功用是对动力电池组进行管理和对电动机进行控制。对动力电池组的管理包括对动力电池组充电与放电时的电流、电压、放电深度、再生制动反馈电流、电池的自放电率、电池温度等进行控制。对电动机的控制包括对电动机输出功率、转矩和转速的控制,对于不同形式的电动机,控制系统的结构也有所不同。

(3) 驱动系统　它的功用是将电能转化为驱动轮的动能,并驱动电动机。电动机是电动汽车的动力装置,现代电动汽车所采用的驱动电动机主要有永磁同步电动机、电励磁同步电动机和交流异步电动机等。

(4) 安全保护系统　它的功用是保证电气系统及乘员的安全。纯电动汽车动力电池组具有高达几百伏的高压直流电,人触电时会有生命危险。另外在撞车、翻车或线路发生短路时,应有应急处理装置。因此,纯电动汽车必须配备安全保护系统,以便在电气系统发生故障时能自动切断高压电,及时防止恶性事故发生。

2) 纯电动汽车的工作原理

当纯电动汽车行驶时,电池组输出的直流电经逆变器变为三相电后供入电动机,电动机输出的转矩经汽车传动系统驱动车轮。纯电动汽车中的制动、转向、行驶系统的工作情况与普通汽车类似。当助力转向装置、空调需要工作时,蓄电池将提供电力。纯电动汽车的工作原理框图如图 3-80 所示。

3) 纯电动汽车的关键技术

纯电动汽车的关键技术有纯电动汽车及控制技术、电池及管理技术、整车控制技术、整车轻量化技术及充电技术等。

2. 混合动力汽车

通常所说的混合动力汽车,一般是指油电混合动力汽车(HEV),即采用传统的内燃机(柴油机或汽油机)和电动机作为动力源,车辆的行驶功率依据实际的车辆行驶状态由单个驱动系统或由多个驱动系统共同提供的汽车(见图 3-81)。

根据混合动力驱动的联结方式,混合动力汽车一般分为三类。

(1) 串联式混合动力汽车　串联式混合动力汽车的发动机带动发电机,电能在控制器的调解下带动电动机运转,以驱动车轮。

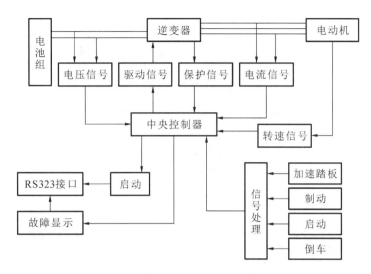

图 3-80 纯电动汽车的工作原理框图

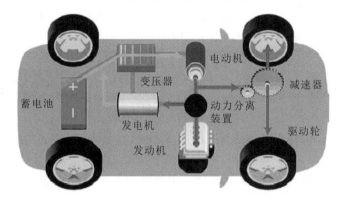

图 3-81 混合动力汽车

(2) 并联式混合动力汽车　并联式混合动力汽车的发动机和电动机可以分别独立地向汽车的驱动系统提供动力,在汽车需要大功率时可以共同提供动力。

(3) 混联式混合动力汽车　混联式混合动力汽车通过一种行星齿轮系统组成的动力分配装置,将整个系统耦合在一起,根据实际工况灵活采取串联或并联方式,以达到热效率最高、污染排放量最低的效果。

3. 燃料电池汽车

燃料电池汽车(FCEV)是指利用氢和氧在燃料电池中的反应发电,将电能作为电动机动力,再用电动机驱动车轮的汽车(见图 3-82)。

1) 燃料电池汽车的基本组成

燃料电池汽车主要由燃料电池、控制系统、驱动系统和蓄电池组等部分构成(见图 3-83)。

2) 燃料电池汽车的工作原理

在燃料电池汽车中,由燃料箱不断地供给燃料,燃料电池把燃料反应产生的化学能转换为电能,产生的直流电经过控制器变为交流电后供入驱动电动机,经传动系统驱动车轮。

汽车开始行驶时,蓄电池组处于电量饱满状态,其能量输出可以满足汽车启动要求,由其为驱动系统提供能量,并对燃料电池进行预热,燃料电池动力系统不需要工作。

图 3-82　燃料电池汽车

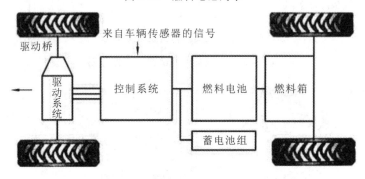

图 3-83　燃料电池汽车的组成

当氢气供给足够时,燃料电池动力系统启动,由燃料电池动力系统为驱动系统提供能量。当车辆能量需求较大时,燃料电池动力系统与蓄电池组同时为驱动系统提供能量。当车辆能量需求较小时,燃料电池动力系统在为驱动系统提供能量的同时,还给蓄电池组充电。当助力转向装置、空调需要工作时,燃料电池将提供电力。

4. 太阳能汽车

太阳能汽车是指将太阳能转化成电能,作为电动机动力,以驱动车轮的汽车(见图3-84)。

图 3-84　太阳能汽车

1) 太阳能汽车的基本组成

太阳能汽车主要由太阳能电池组、自动阳光跟踪系统、驱动系统、控制系统和蓄电池组等部分组成。

2) 太阳能汽车的工作原理

太阳能汽车的启动、加速、转向、制动由驾驶员操纵。在自动阳光跟踪系统的控制下,太阳能汽车的太阳能电池板始终正对太阳。阳光照射电池阵列时,太阳能电池将光能转换成电能,经控制系统的管理控制,向驱动电动机供电,由电动机驱动汽车行驶。

5. 代用燃料汽车

代用燃料是指能够取代或者部分取代目前内燃机传统燃料(汽油或柴油)的燃料。使用代用燃料的汽车依然有发动机,这类汽车主要包括天然气汽车、液化石油气汽车、醇类燃料汽车等几种。

1) 天然气汽车

天然气汽车(CNGV)是指以压缩天然气(CNG)为燃料的汽车(见图 3-85)。我国有丰富的天然气资源,天然气主要成分是甲烷,只能点燃不能压燃。天然气在车上只能以高压气态罐装储存,压缩压力约为 20 MPa。

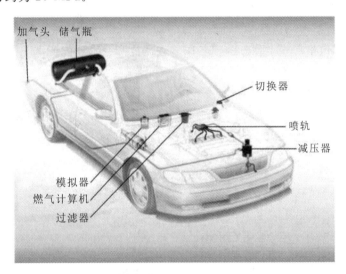

图 3-85 天然气汽车

天然气汽车采用天然气发动机电控喷气供给系统,该系统主要由储气瓶、燃料控制电磁阀、调压阀、喷射器、混合器、CNG 电控单元和传感器等组成。

天然气汽车工作原理与普通汽油车类似,仍采用电火花点火,但把汽油换成了压缩天然气,在点火提前角、压缩比、空燃比控制等方面做了一些调整和优化,以适应天然气的燃料特性。

2) 液化石油气汽车

液化石油气汽车(LPGV)是指以液化石油气为燃料的汽车。液化石油气的主要成分是丙烷,只能点燃不能压燃。液化石油气在车上以液态罐装储存,储存压力约为 1.6 MPa。

液化石油气汽车的燃料供给系统与天然气汽车的燃料供给系统有很多相似之处,二者都是由储气系统和燃气供给系统组成的,区别在于燃气形态和压力不同。

3) 醇类燃料汽车

醇类燃料汽车是指利用醇类燃料作能源的汽车。醇类燃料主要是指甲醇和乙醇,其中以甲醇为燃料的汽车称为甲醇汽车,以乙醇为燃料的汽车称为乙醇汽车。

　　醇类燃料可以与汽油或柴油按一定比例配制成混合燃料,亦可以直接作为发动机的燃料。醇类燃料汽车已经达到适用阶段,当醇类燃料与汽油掺混使用时,掺混比例在15%以下时可不更改发动机结构。

复习思考题

1. 汽车的定义是什么?
2. 汽车的总体构造包括哪几个部分?各部分的功用是什么?
3. 汽车发动机包括哪几个部分?各部分的功用是什么?
4. 汽车底盘的传动系统包含哪些部件?各部件的作用是什么?
5. 汽车制动系统的作用有哪些?
6. 何为承载式车身、非承载式车身?
7. 汽车电气与电子设备包含哪些?各设备的作用是什么?
8. 汽车的节能新技术包括哪些?
9. 汽车的安全新技术包括哪些?
10. 新能源汽车包括哪些类型?为何各国均在研究和开发新能源汽车?

第4章 车辆工程专业人才类型和岗位需求

本章将详细介绍车辆工程专业和汽车行业人才需求类型,对汽车产品设计岗位、生产岗位和销售岗位进行了详细的解剖,可使车辆工程专业学生对车辆工程专业相关的岗位方向有总体的认识,为学生学好该专业和适应就业岗位打好基础。

4.1 汽车相关企业所需的人才类型

4.1.1 汽车相关企业

我国汽车工业发展水平不平衡,企业千差万别。从技术层面考虑,可将企业划分为基础研究型、技术开发型、生产制造型、产品销售型和综合型企业等。基础研究型企业主要是指汽车及相关领域的科研机构,主要从事汽车领域基础理论和原理研究,为国家产业政策制定提供理论依据,其成果或输出是基础理论、基本原理、产业政策等。技术开发型企业主要从事汽车产品开发研究,属于应用型研究,其成果是某型产品样机及样机的开发设计试验数据。生产制造型企业主要是对产品样机进行工程化开发和实现工程化生产,其成果或输出是批量化生产的实物产品。产品销售型企业主要从事汽车及相关产品的销售等服务。综合型企业的业务包含基础研究、技术开发、生产制造、产品销售等其中的两类及以上。我国汽车企业主要是以生产制造为主的综合型企业。

从产品对象层面考虑,可将企业划分为汽车整车企业和汽车零部件企业等。汽车整车企业主要从事汽车整车及其零部件的开发、设计、生产制造和销售,可以是技术开发型、生产制造型或综合型企业等。汽车零部件企业以汽车零部件为对象,进行开发、设计、生产制造和销售工作。技术实力强的汽车零部件企业在行业中的某类零部件或某领域中具有主导地位,一般的汽车零部件企业只是整车企业的制造基地。

从企业性质层面考虑,企业可划分为国有企业、合资企业和民营企业。国有企业有一汽、东风、上汽、长安、广汽、奇瑞等;合资企业是我国汽车产业利用外资的主要形式,如一汽大众、上汽大众、一汽丰田、东风本田、东风日产、神龙汽车、上海通用、长安福特等;民营企业从事汽车行业,必须坚持产品开发,创造自主品牌,传统汽车生产厂家有比亚迪、吉利等,新兴的电动汽车或互联网汽车品牌有蔚来、小鹏、威马等。

汽车相关企业的分类情况如表4-1所示。

表 4-1　汽车相关企业的分类

汽车相关企业									
性质			技术			产品对象			
国有企业	合资企业	民营企业	基础研究型企业	技术开发型企业	生产制造型企业	产品销售和综合型企业	汽车整车企业	汽车零部件企业	

4.1.2　汽车相关企业对人才的需求

汽车企业种类繁多,对人才的需求也多种多样。基础研究型企业大量需求研究型人才或学术型人才,要求其基础理论扎实,专业知识深厚,具有继续学习、探索未知和创新的能力。该类人才主要由研究型和研究教学型大学重点学科培养,地方高校做适当补充。技术开发型企业大量需求应用型工程技术人才,该类人才具有较扎实的本专业学科理论知识、一定广度的相关专业知识信息,以知识应用为主,强调应用和借鉴,具有引进、学习、借鉴、应用和创新的能力。该类人才主要由一般院校和地方院校培养,高职类院校做适当补充。生产制造型企业主要需要具有一定本专业知识和技能、了解相关学科知识和信息的技艺型和技能型人才,在企业从事一定时间相关工作后可提升为技术开发类人才。该类人才主要由高职类院校和地方院校培养。

近几年受到政策推动,新能源汽车行业有了长足发展,随之而来的是行业人才需求也快速提升。而汽车行业的迅速发展使得具有传统汽车背景的人才已经不能完全满足行业变革中新的人才需求。另外,拥有不同领域背景的专业人才正不断流入汽车行业。新能源汽车行业需求的人才类型与传统汽车需求的人才类型在技术、营销等方面差异不大,但新能源汽车行业对人才应具备的能力提出了更多更高的要求。新能源汽车行业对专业人才的素质提出的要求比以往更加严格,除了具备专业技能之外,具备可持续发展的能力也相当重要。相较于传统汽车行业,新能源与智能汽车领域展现出对具有跨行业背景的复合型人才的强烈需求。数据表明,在传统汽车领域中,有跨行业工作经历的人才占人才总数的14%,而在新能源与智能汽车领域中,有跨行业工作经历的人才占人才总数的比例高达90%,体现了这个领域人才高度的多元化和跨界流动性。

4.1.3　汽车工程师类型

汽车工程师分为汽车设计工程师、汽车分析工程师、汽车工艺工程师、汽车质量工程师、汽车测试工程师、汽车销售工程师、汽车技术支持工程师、汽车标准工程师等。

汽车设计工程师又分为汽车总体设计工程师、汽车造型设计工程师、汽车发动机设计工程师、汽车底盘设计工程师、汽车零部件设计工程师、汽车车身结构设计工程师、汽车内外饰设计工程师、汽车电子电气设计工程师等。

1. 汽车总体设计工程师

汽车总体设计工程师的工作主要包括:
(1) 正确选择性能指标、重量和尺寸参数,提出整车总体设计方案;

(2) 对各部件进行合理布置,并进行运动校核;

(3) 对汽车性能进行精确控制和计算,保证主要性能指标的实现;

(4) 调解各种矛盾,在新车开发中进行整车总布置设计,以保证各部件设计工作协调进行,实现整车总布置的持续改善与优化。

图 4-1 所示为某款汽车总体设计图。

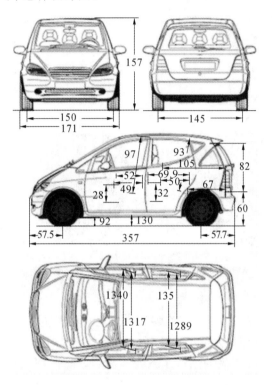

图 4-1 某款汽车总体设计图

2. 汽车底盘设计工程师

汽车底盘设计工程师主要负责底盘系统及其零部件的设计,并跟踪试制的全过程,对所发生的问题提供技术支持以及改进建议和措施。汽车底盘设计工程师应了解汽车底盘系统的布局、结构设计及相关系统的结构原理;熟悉汽车转向/发动机附件系统的制造技术、工作原理、匹配计算及产品工艺性;熟悉各类零部件的加工工艺及工作原理;熟练运用 CAD/CAM/UG 等二维或三维绘图软件。图 4-2 所示为传统汽车底盘设计图,图 4-3 所示为新能源汽车底盘设计图。

3. 汽车发动机设计工程师

汽车发动机设计工程师主要负责发动机产品及其零部件的设计开发并解决相关技术问题。汽车发动机设计工程师应熟悉发动机结构及其零部件(机械件、电气件、塑料与橡胶件),有一定的调测、故障分析和解决的能力;能够独立完成某一发动机产品或零部件的设计工作;有较强的沟通、协调和人际交往能力;熟悉国内外发动机市场行情;能够熟练使用 AutoCAD、PRO/E 等二维或三维软件。图 4-4 所示为传统汽车内燃机设计图,图 4-5 所示为电动汽车轮毂电机设计图。

图 4-2 传统汽车底盘设计图

图 4-3 新能源汽车底盘设计图

图 4-4 传统汽车内燃机设计图

图 4-5 电动汽车轮毂电机设计图

4.汽车电子电气设计工程师

汽车电子电气设计工程师主要负责计划和实施汽车电子电气产品开发项目,制定汽车电子电气产品的生产工艺及流程,并解决设计开发过程中出现的技术问题。汽车电子电气设计工程师应熟悉汽车电子电气产品的生产工艺及流程,如贴片、回流焊接等,以及 PCBLayout;熟练使用 PROTEL、DXP 等软件工具;了解汽车电子电气产品的结构设计;具备良好的分析、解决技术问题的能力。图 4-6 所示为汽车电子电气设计图。

图 4-6 汽车电子电气设计图

4.2 汽车产品研发设计岗位

汽车产品研发设计岗位是汽车企业最重要的岗位之一,从业人员涉及汽车设计工程师、汽车分析工程师等。

4.2.1 汽车产品开发流程

新车型开发，一般可划分为项目战略、概念开发、工程设计和工程分析四个阶段，并且有不间断的预开发工作作为技术支持。每一阶段都划分为若干审查点，每个审查点都应提交项目进度报告。汽车整车开发流程如图4-7所示。

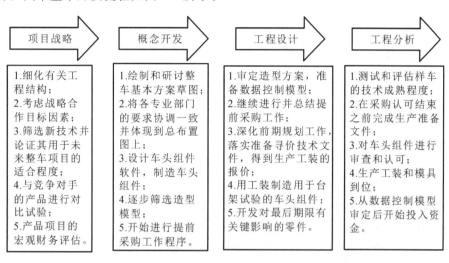

图4-7 汽车整车开发流程

1. 项目战略阶段

一个车型的开发风险非常大，如果不经过周密调查研究与论证，盲目启动新项目，会造成产品先天不足，投产后问题成堆，还可能造成产品不符合消费者需求，没有市场竞争力。因此，在进行产品策划时必须进行市场调研和可行性分析研究，确定设计方案。

项目战略阶段的主要工作包括：

（1）细化有关工程结构、最后投产期限、最终售价、销售市场的基础数据；

（2）考虑有关质量、生产地点、制造、市场开发和环境保护等方面的战略合作目标因素；

（3）筛选并论证新技术用于未来整车项目的适合程度；

（4）与竞争对手的产品进行对比试验；

（5）产品项目的宏观财务评估；

（6）提出项目的总体条件，其中包括产品概要、专用与通用设备投资、新生产技术与制造方案、人员计划、试制成本、投产准备费用、投产日程以及品质目标等。

汽车市场调研主要是通过对汽车的主要内容和配套条件，如市场情况、资源供应、建设规模、工艺路线、设备选型、环境影响、资金筹措、盈利能力等，从技术、经济、工程等方面进行调查研究和分析比较，并对项目建成以后可能取得的财务、经济效益及社会影响进行预测，从而提出该汽车项目是否值得投资和如何进行建设的咨询意见，为项目决策提供依据的一种综合性的分析方法。可行性分析研究是确定建设项目前具有决定性意义的工作，是在汽车投资决策之前，对拟建项目进行全面技术经济分析论证的科学方法，具有预见性、公正性、可靠性、科学性的特点。在投资管理中，可行性分析研究是指对拟建项目有关的自然、社会、经济、技术等进行调研、分析比较，以及预测建成后的社会经济效益。

可行性分析研究是在市场调研的基础上进行的,根据市场调研报告生成项目建议书,进一步明确汽车形式及市场目标。可行性分析包括外部的政策法规分析及内部的自身资源和研发能力的分析,包括设计、工艺、生产及成本等方面的内容。

2. 概念开发阶段

制订进度目标,提出目标目录和产品技术描述。制订一个或几个整体概念(方案)和供选择(审查)的造型模型。其依据是从市场调研中确定的用户要求,可供采用的各单项预开发成果,以及相关法规、标准和专业部门的要求。

概念开发阶段的主要工作包括:
① 绘制和研讨整车基本方案草图;
② 将各专业部门的要求协调一致并体现到总布置图上,包括与项目相关的质量目标;
③ 设计车头组件软件,制造车头组件;
④ 逐步筛选造型模型;
⑤ 开始进行提前采购工作;
⑥ 对纳入目标目录的工程结构方案进行确认;
⑦ 定义产品的复杂程度及制造和物流方法,包括检查方法、财务评估;
⑧ 确定质保方法;
⑨ 细化与具体产品有关的市场开发战略;
⑩ 提出具体的环保措施。

在概念开发阶段中,概念车设计的任务主要包括总体布置草图设计、造型设计和油泥模型制作。

1) 总体布置草图设计

绘制总体布置草图是汽车总体布置的主要工作。绘制总体布置草图的目的是在图纸上实现总体方案和校核各部件尺寸是否满足设计要求。在进行总成方案布置和设计计算的同时,要进行整车总体布置的有关计算工作(参数确定和性能计算),并要在整车方案布置草图及各总成匹配布置的基础上正式绘制整车总布置图。整车总布置图包括侧视图、俯视图、前视图和必要的断面图、局部视图。图 4-8 所示为某汽车总体布置草图。

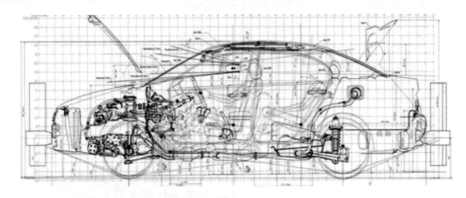

图 4-8 某汽车总体布置草图

整车总布置设计的任务包括:
(1) 从技术先进性、生产合理性和使用要求出发,正确选择性能指标、质量和主要尺寸参

数,提出总体设计方案,为各部件设计提供整车参数和设计要求;

(2) 对各部件进行合理布置和运动校核;

(3) 对整车性能进行计算和控制,保证汽车主要性能指标的实现;

(4) 协调整车与总成之间的匹配关系,配合总成完成布置设计,使整车的性能、可靠性达到设计要求。

2) 造型设计

在进行了总体布置草图设计以后,就可以在其确定的基本尺寸的基础上进行造型设计了。汽车的造型设计现在已经成为汽车研发中至关重要的环节,包括外形和内饰设计两部分。

汽车造型设计是根据汽车整体设计的多方面要求来塑造最理想的车身形状的过程。汽车造型设计是汽车外部和车厢内部造型设计的总和。它不是对汽车的简单装饰,而是运用艺术的手法科学地表现汽车的功能、材料、工艺和结构特点。

汽车造型设计的目的是以美去吸引和打动观者,使其产生拥有这种车的欲望。汽车造型设计虽然是车身设计的最初步骤,是整车设计最初阶段的一项综合构思,但却是决定产品命运的关键。汽车造型设计已成为汽车产品竞争最有力的手段之一。

造型设计的前期设计草图如图4-9所示,设计方案效果图如图4-10所示。

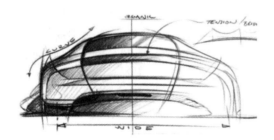

图4-9 前期设计草图

图4-10 设计方案效果图

汽车造型主要涉及科学和艺术两大方面。设计师需要懂得车身结构、制造工艺要求,以及空气动力学、人机工程学、工程材料学、机械制图学、声学和光学知识。同时,设计师更需要有高雅的艺术品位和丰富的艺术知识。另外,汽车是一种商品,设计师还要考虑成本和顾客的心理需求。

轿车的车身造型设计是整个设计工作最重要的内容,越是现代化的大批量流水生产的产品,对其设计的内容要求越严密,要经过一步步可靠的技术验证,传统的设计过程要经过以下七个阶段:收集资料信息、形成造型设计概念、造型构思效果图、模型制作、胶带图、全尺寸油泥模型、主图板、样车。

3) 油泥模型制作

概念设计的最后阶段是制作油泥模型。先制作3~5个1∶4的油泥模型,制作小比例模型主要是为了节约成本及时间。对外观评审后,选定其中一个,根据总布置图构建1∶1的主模型线图,制作1∶1的油泥模型。在制作油泥模型的过程中,还需要组织多次总布置验证,从各方面考证造型的合理性,直到最后的油泥模型冻结。图4-11所示为外观油泥模型,图4-12所示为内饰油泥模型。

图 4-11 外型油泥模型　　　　图 4-12 内饰油泥模型

3. 工程设计阶段

油泥模型冻结后,就全面进入工程设计阶段。产品工程设计是汽车自主创新开发中最为重要的一步,它贯穿汽车开发的全过程,包括整车总体布置、汽车工程分析、产品结构分析、具体总成与零部件的详细设计,以及它们之间的相关协调工作。这一阶段耗时最长,如果去除后期的设计改进时间不算,一般需要 1 年左右的时间。在产品工程设计阶段,有必要让供应商提前介入,使产品的设计做得更经济、合理。要充分利用现代产品设计的手段,加快产品设计进程,缩短产品开发周期。利用三维软件对产品零部件进行装配,做各种断面与干涉检查,使产品结构尺寸准确无误;利用有限元分析软件对产品结构进行有限元模拟分析,产品性能模拟分析要达到合格水平。

工程设计是一个对整车进行细化设计的过程,各个总成分发到相关部门分别进行设计开发,各部门按照开发计划规定的时间节点分批提交零部件的设计方案。工程设计阶段主要包括以下几个方面。

1) 总布置设计

在前面总布置草图的基础上,深入细化总布置设计,精确地描述各部件的尺寸和位置,为各总成和部件分配准确的布置空间,确定各个部件的详细结构形式、特征参数、质量要求等条件。主要的工作包括发动机舱详细布置图、底盘详细布置图、内饰布置图、外饰布置图及电器布置图。图 4-13 为某汽车三维总布置图。

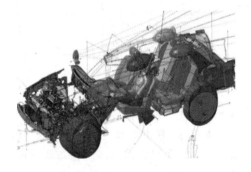 

图 4-13 某汽车三维总布置图　　　　图 4-14 某汽车车身造型三维数据图

2) 车身造型三维数据生成

油泥模型完成后,使用专门的三维测量仪器(ATOS)对油泥模型进行测量,生成点云数据,工程师根据点云使用汽车 A 面制作软件来构建外表面,如图 4-14 所示。车身造型数据完成后,通常要用这些数据来重新铣削一个树脂模型,如图 4-15 所示,目的是验证车身数据。

图 4-15　验证数据用树脂模型

3) 白车身设计

汽车车身工程是目前世界汽车工业中研究最活跃、发展最迅速的一个领域。汽车白车身是汽车其他零部件的载体,是以"钢结构"为主的支撑部件,它是一个复杂的体系,其零部件数量众多、结构复杂,制造成本占整车的 40%~60%,通常有 300~500 个形状复杂的薄板冲压零件,如图 4-16 所示,在 55~75 个工位上大批量、快节奏地焊接而成。

图 4-16　某轿车白车身结构设计

轿车车身结构设计是以车身造型设计为基础进行车身强度设计和功能设计,以期最终找到合理的车身结构型式的设计过程的统称,其设计质量的优劣关系到车身内外造型能否顺利实现和车身各种功能是否能正常发挥。所以,它是完成整个车身开发设计的关键环节。

结构设计必须兼顾造型设计的要求,同时应充分考虑诸如结构强度、防尘隔噪性能以及制造工艺等多种设计要求。优良的结构设计可以充分保证汽车整车质量的减小,进而达到改善整车性能、降低制造成本的目的。

完成车身结构设计首先需要明确车身整体的承载形式,并对其做出载荷分析,以便能使载荷在整个车身上分配合理。在此基础上,进一步做出局部载荷分析,确定各梁的结构形式和连接方式。因通常轿车存在使用目的和级别上的不同,故常常会产生具体结构上的差异,最终导致它们在功能和价格上的差别。总之,车身结构设计是一个涉及多方面因素的综合工程设计问题,常成为车身设计开发中的难点。

4) 内外饰工程设计

(1) 内饰件设计。

轿车的内饰件设计包括轿车车厢的隔板、门内装饰板、仪表板总成、扶手、地毯等零部件和材料的设计。相对于车上其他零部件而言,虽然它们对车辆的运行性能没有什么影响,但其面目一览无遗,代表了整部车子的形象,孰优孰劣,决定着轿车的声誉、档次以及人们的选择意向。另外,对于轿车来讲,虽然内饰件只是一些辅助性的零配件,但它们要承担起减振、隔热、吸音和遮音等功能,对轿车的舒适性起到十分重要的作用。

(2) 外饰件设计。

汽车外饰件设计包括前后保险杠、散热器罩、前后外挡泥板、扰流板、玻璃、车门防撞装饰条、行李架、天窗、后视镜、车门机构及附件以及密封条等的设计。

5) 发动机工程设计

对发动机的设计提出总体要求,包括发动机的功率、转速、最大扭矩以及扭矩特性。同时发动机要满足法规要求,因发动机开发所需时间较长,法规一定要有提前量,否则发动机的生命周期没法保证。

6) 底盘工程设计

底盘工程设计是指对底盘传动系统、行驶系统、转向系统及制动系统进行详细的设计。底盘传动系统的主要设计内容为转向器及转向传动机构的设计;制动系统的主要设计内容为制动器及 ABS 的设计。其主要工作包括对各个系统零部件进行尺寸、结构、工艺、功能及参数等方面的定义;根据定义进行结构设计及计算,完成三维数模;零部件样件试验;完成设计图和装配。

7) 电气工程设计

电气工程设计指全车的电气设计,包括刮水器系统、空调系统、各种仪表、整车开关、前后灯光及车内照明系统等的设计。

4. 工程分析阶段

在国外,很多大汽车设计公司建立高性能的计算机辅助工程分析系统,其专业 CAE 队伍与产品开发同步,广泛开展 CAE 应用,在指导设计、提高质量、降低开发成本和缩短开发周期上发挥着日益显著的作用。CAE 应用于车身开发,成熟的方面主要有:刚度、强度(应用于整车、大小总成与零部件分析,以实现轻量化设计)、NVH 分析(各种振动、噪声,包括摩擦噪声、风噪声等)、机构运动分析等;而车辆碰撞模拟分析、金属板件冲压成形模拟分析、疲劳分析和空气动力学分析的精度有进一步提高,并已投入实际使用,完全可以用于定性分析和改进设计,大大减少了这些费用高、周期长的试验次数;虚拟试车场整车分析正在着手研究。此外,还有焊装模拟分析、喷涂模拟分析等。

在我国,CAE 技术在汽车设计上的应用也很广泛,提高了设计的效果和效率。经过以上各个总成系统的设计,工程设计阶段完成,最终确认整车设计方案;接着绘制产品零件图、部件装配图和总装配图;编写产品零件、辨准件明细表、外购件、外协件目录;编写文件目录和图样目录;进行标准化审查和工艺性审查,为样车试制做准备。

4.2.2 汽车设计工程师

汽车设计工程师是汽车企业产品开发最重要的技术岗位。

1. 汽车设计工程师岗位描述

汽车设计工程师主要负责整车总体设计、总成设计和零件设计,其任务是使所设计的产品达到设计任务书所规定的整车参数和性能指标的要求,并将这些整车参数和性能指标分解为有关总成的参数和功能。汽车设计工程师的工作内容如表4-2所示。

表4-2 汽车设计工程师的工作内容

汽车设计工程师的工作内容	制订汽车产品开发、设计、改进的有关工作计划
	开展整车开发、配套、零部件设计工作
	开展汽车零部件和系统的造型、布置、性能匹配优化工作
	组织开展汽车设计开发项目的委托试制和验收工作
	提供样机生产企业技术支持,协助改进产品设计
	开发汽车新产品工艺,完善现有汽车产品及其生产流程
	为汽车工程设计、生产及采购汽车零部件提供建议,以免造成偏差

2. 汽车设计工程师岗位要求

汽车设计工程师岗位要求如表4-3所示。

表4-3 汽车设计工程师岗位要求

汽车设计工程师岗位要求	熟悉本企业所用的设计软件、计算机软件和分析软件
	充分了解拟开发产品的功能、材料、装配、工艺等
	熟悉产品相关设计标准、实验标准、法规等
	熟悉本企业的产品开发流程和相关体系文件
	具备良好的沟通、协调、问题处理及满足客户需求的能力

4.2.3 汽车分析工程师

汽车分析工程师包括碰撞安全分析工程师和NVH分析工程师等。

1. 汽车碰撞安全分析工程师

碰撞安全分析工程师是应用相关分析软件进行结构子系统、乘员约束系统以及整车的碰撞分析工作,并依据相关分析结果向工程设计提供有效解决方案的专业技术人员。

其工作内容包括:

① 分析整车正面碰撞、侧面碰撞、后面碰撞及车顶压溃;

② 负责复杂的汽车碰撞安全仿真工作,对仿真工作的进度、质量等进行控制;

③ 进行汽车底盘关键零部件的耐久性分析;

④ 分析汽车前后端保护装置的安全性;

⑤ 协助汽车设计、试验人员对模拟和试验结果进行分析、讨论,并协调解决相关问题;

⑥ 配合汽车设计部门进行汽车整体结构改进与优化;

⑦ 引进汽车碰撞安全的相关法规和分析流程,编制工程技术要求和相关试验规范。

汽车碰撞被动安全性开发流程如下。

(1) 参照车结构解析。参照车结构解析包括:参照车碰撞被动安全性总体方案解析、参照车碰撞被动安全性总体标准等级解析、参照车碰撞被动安全性分解到各分总成的分项标准等级解析、参照车碰撞被动安全性总体结构措施解析等。

（2）定标与设计目标分解。要保证设计车辆最终的总设计目标，需要将总设计目标分解细化。

（3）方案设计与初步分析。方案设计与初步分析包括被动安全性总体技术方案设计，以及对初步设计的结构断面、总体布置方案、内外观造型等的合理性进行分析。该阶段工作配合造型与总布置工作同步进行。

（4）总布置与车体结构详细设计。对于主机厂，在碰撞被动安全性方面，最重要的工作是设计一个具有高耐撞性、高强度的车体与满足被动安全性要求的总体布置，主要包括针对碰撞被动安全性总布置设计的发动机舱、乘员舱、底盘、车体结构等。

（5）详细设计阶段。CAE分析及结构改进与优化设计。CAE分析作为设计阶段的设计验证手段与优化设计手段，对详细设计阶段所得的每个版本车身与整车3D数据进行分析。

（6）设计更改阶段。CAE分析及结构改进与优化设计。设计更改主要指数模冻结以后，由工艺、成本等各种原因引起的设计更改。

（7）样车试制。设计阶段实物样车制造，采用快速成形模具、简易组装式夹具等简易工装制造车身，底盘等机械部件也采用开发样件。

（8）安全约束系统开发。安全带等约束系统开发，主要包括约束连接件设计、安全部件工装设计与制造、整车装配设计、各控制程序设计与标定验证试验。

（9）整车被动安全性验证试验。整车被动安全性验证试验包括安全匹配试验、采用工装样车完成的产品整车被动安全性定型验证试验、车体结构碰撞安全性验证试验。图4-17所示为某汽车碰撞试验。

图4-17　某汽车碰撞试验

2. 汽车NVH分析工程师

NVH是指噪声（noise）、振动（vibration）和声振粗糙度（harshness）。由于以上三者在汽车中同时出现且密不可分，因此常把它们放在一起进行研究。车辆的NVH问题是国际汽车行业各大整车制造企业和零部件企业关注的问题之一，是衡量汽车制造质量的一个综合性问题，它给汽车用户的感受是最直接和最表面的。有统计资料显示，整车约有1/3的故障问题和车辆的NVH问题有关系，而各大公司有近20％的研发费用消耗在解决车辆的NVH问题上。图4-18所示为某汽车NVH试验现场。

图 4-18 某汽车 NVH 试验现场

汽车 NVH 设计主要分为以下几个阶段。

① 调研客户需求，建立客户需求定义库。

② 测试汽车 NVH 性能参数，总结优化对象。

③ 确定汽车 NVH 目标，并分解成各个系统及部件目标。

④ 建模与优化。建模与优化的方法主要有整车 CAE 模型法和模态综合分析法两种，一般较多采用模态综合分析法。

⑤ 制作虚拟模型车。在优化设计后，将最优结构安装在虚拟的模型车上，并检查安装空间、成本和质量等因素；如果不满足要求，就修改完善，直至满意为止。

⑥ 样车试验与调整。设计完成后，再生产出样车，就可以在实验室中或道路上进行试验。

NVH 特性的研究不仅仅适用于汽车新产品的开发全过程，而且适用于改进现有车型乘坐舒适性。这是一项针对汽车的某一个系统或总成进行建模分析，找出对乘坐舒适性影响最大的因素，通过改善激励源振动状况（降幅或移频）或控制激励源振动噪声向车室内的传递来提高乘坐舒适性的研究。

汽车动力总成悬置系统的隔振研究以及发动机进排气噪声的研究是改善整车舒适性的重要内容，动力总成液压悬置系统的发展与完善使这一问题得到较好的解决。悬架系统和转向系统对路面不平度激励的传递和响应对驾驶员及乘员的乘坐舒适性有很大影响，分析悬架系统的动力学特性可以改善它的传递特性，减少振动和噪声；通过对转向操纵机构和仪表板进行有限元分析，可以使转向柱管、方向盘的固有频率移出激励频率范围并保证仪表板的响应振幅最小。汽车制动时产生的噪声严重影响了车内乘员的舒适性，实验证明制动噪声主要是由制动器摩擦元件磨损不均匀造成的，通过对制动盘等元件进行有限元分析以及其磨损特性对产生噪声的影响等问题的研究，可以改善制动工况下的整车 NVH 特性。另外，随着车速的不断提高，高速流动的空气与车身撞击摩擦产生的振动噪声已经成为车室噪声的重要来源。

汽车在使用一段时间之后，一些元件（如传动系统的齿轮、联轴节，悬架中的橡胶衬套，制动器中的制动盘等）的磨损将对整车的 NVH 特性产生重要影响，它们的强度、可靠性和灵敏度分析是研究整车特性的重要工作，这也就是高行驶里程下汽车 NVH 特性的研究。

研究汽车的 NVH 特性，首先必须利用 CAE 技术建立汽车动力学模型，已经有如下几种比较成熟的理论和方法。

（1）多体系统动力学方法：将系统内各部件抽象为刚体或弹性体，研究它们在大范围空间运动时的动力学特性。在汽车 NVH 特性的研究中，多体系统动力学方法主要应用于底盘悬架系统、转向传动系统低频范围的建模与分析。

(2) 有限元方法(FEM):把连续的弹性体划分成有限个单元,通过在计算机上划分网格建立有限元模型,计算系统的变形和应力以及动力学特性。由于有限元方法的日益完善以及相应分析软件的成熟,因此它成为研究汽车 NVH 特性的重要方法。一方面,它适用于车身结构振动、车室内部空腔噪声的建模分析;另一方面,与多体系统动力学方法相结合来分析汽车底盘系统的动力学特性,其准确度也大大提高。

(3) 边界元方法(BEM):与有限元方法相比,边界元方法降低了求解问题的维数,能方便地处理无界区域问题,并且在计算机上也可以轻松地生成高效率的网格,但计算速度较慢。对于汽车车身结构和车室内部空腔的声固耦合系统,也可以采用边界元方法进行分析。由于边界元方法在车室内吸声材料建模方面具有独特的优点,因此它正在得到广泛的应用。

(4) 统计能量分析(SEA)方法:以空间声学和统计力学为基础的统计能量分析方法是将系统分解为多个子系统,研究它们之间能量流动和模态响应的统计特性的方法。它适用于结构、声学等系统的动力学分析。对于中高频(300 Hz)的汽车 NVH 特性预测,如果采用 FEM 或 BEM 建立模型,将大大增加工作量,而且其结果准确度并不高,这时采用统计能量分析方法较合理。有人利用 SEAM 软件对某皮卡车建立了 SEA 模型,分析了它在 250 Hz 以上的 NVH 特性,并研究了模型参数对它的影响,得到了令人满意的结果。

4.3 汽车产品生产制造岗位

汽车产品的质量好坏直接决定着汽车产品的销量以及企业的经济效益,汽车产品生产制造岗位是保障产品质量的重要岗位。

4.3.1 汽车产品生产制造四大工艺

汽车产品的生产制造是一个复杂的过程,在汽车制造业中,冲压、焊装、涂装、总装合称为四大核心技术,即四大工艺。从结构上看,轿车属于无骨架车身,它的生产工艺流程大致如图4-19 所示。

图 4-19 轿车生产工艺流程

1. 冲压工艺

冲压是利用安装在压力机上的模具对材料施加压力,使其产生分离或塑性变形,从而获得一定几何形状和尺寸精度的机械零件或制品的一种压力加工方法。汽车冲压工艺的目标是生产出各种车身零部件。冲压是所有工序的第一步,这是汽车制造中非常重要的步骤。据统计,汽车上有 60%~70% 的零件是用冲压工艺生产出来的。因此,冲压技术对汽车的产品质量、生产效率和生产成本都有重要的影响。汽车冲压生产线如图 4-20 所示。

2. 焊装工艺

焊接是通过加热或加压,或两者并用,并且用或不用填充材料,使工件结合的一种方法。

图 4-20　汽车冲压生产线

汽车焊装工艺指将冲压好的车身零件用夹具定位,采用焊接的方法将其接合形成车身总成。在汽车车身制造中应用最广的是点焊。点焊适于焊接薄钢板,操作时,两个电极向两块钢板加压力使之贴合,并同时使贴合点通电流,贴合点受热熔化从而牢固接合。焊好整个轿车车身,通常需要几千个焊点。焊点的强度要求很高,每个焊点可承受 5 kN 的拉力,甚至将钢板撕裂时仍不能将焊点部位分离。焊接的好坏直接影响车身的强度。图 4-21 所示为汽车焊装生产线。

图 4-21　汽车焊装生产线

3. 涂装工艺

所谓涂装,就是将涂料涂覆于物面(基体表面),经干燥成膜(或膜状)的工艺。涂装工艺对汽车制造来讲有两个重要作用,第一个是防腐蚀,第二个是使汽车更美观。涂装工艺过程比较复杂,包括漆前预处理和底漆、喷漆工艺、烘干工艺等,整个过程需要大量的化学试剂处理和精细的工艺参数控制,技术要求比较高,对油漆材料及各项加工设备的要求也较高。因此,涂装工艺一般都是各公司的技术秘密。

4. 总装工艺

总装就是将车身、发动机、变速器、仪表板、车灯、车门等构成整车的各零部件装配起来生产出整车的过程。一般的总装车间主要有四大模块,即前围装配模块、仪表板装配模块、车灯装配模块、底盘装配模块。经过各模块装配和各零部件的安装后,再经过车轮定位、车灯视野检测等检验调整,整车就可以下线了。汽车产品要求有好的动力性、经济性和耐久性,以实现在各种复杂环境中的运载功能,现代汽车产品更要求安全可靠、造型美观、乘坐舒适和满足环保要求。这些要求,最终是通过装配工艺来保证的。若装配不当,以昂贵的代价制出的合格零件,不一定能装出合格的汽车。因此装配是保证产品质量的重要环节。汽车总装生产线一般是由输送设备(空中悬挂和地面)和专业设备(如举升、翻转、压装、加热或冷却、检测、螺栓螺母紧固设备等)构成的有机整体。图 4-22 所示为汽车总装生产线。

图 4-22 汽车总装生产线

4.3.2 汽车工艺工程师

汽车工艺工程师是汽车企业产品生产制造最重要的技术岗位之一,主要负责汽车产品生产环节的工艺设计、执行,并解决技术问题。

汽车工艺工程师的主要工作内容如表 4-4 所示。

表 4-4 汽车工艺工程师的主要工作内容

汽车工艺工程师的主要工作内容	编制产品工艺方案和路线,设计工艺规程,形成完整的工艺文件
	完成车间工艺平面布置图
	根据工艺需要,设计工艺装备并负责工艺工装的验证和改进工作
	制订劳动定额和材料定额
	管理与维护生产设备
	深入生产现场,掌握质量情况
	及时解决生产中出现的技术问题,做好工艺技术服务工作
	组织领导新工艺、新技术的试验研究工作
	深入生产,改善制造过程,减少不必要的质量成本浪费

汽车工艺工程师岗位要求如表 4-5 所示。

表 4-5　汽车工艺工程师岗位要求

汽车工艺工程师岗位要求	熟悉汽车产品生产工艺和流程
	熟悉 IATF16949 标准及 APQP
	熟练使用 Office 软件,熟练使用 CAD 软件制图,能使用 UG、CATIA 等三维软件看图
	熟悉汽车产品生产设备
	熟练编写汽车产品工艺文件
	熟悉工装夹具的设计方法
	了解汽车产品生产过程中的质量控制
	良好的沟通能力及合作能力、良好的抗压能力
	具有良好的英语表达能力,能做好交流沟通工作

4.3.3　汽车质量工程师

汽车质量工程师负责行业内标准要求的有关品质保证,在产品量产阶段对产品质量进行控制,为客户及时提供高质量、低成本的产品和服务。

汽车质量工程师的主要工作内容如表 4-6 所示。

表 4-6　汽车质量工程师的主要工作内容

汽车质量工程师的主要工作内容	依据产品开发进度完成质量开发任务,确保产品符合质量标准
	在产品生产过程中,实施连续性检查、测试和分析制度
	对产品生产过程中各工序的质量进行检查
	进行原材料、半成品和成品的样本检测和质量检测
	负责产品生产、交付过程中质量异常的处理和跟踪
	编制产品/零件检验规范和产品审核指导书
	负责获取客户的质量要求,组织相关单位分析原因及对策报告,提出质量改进方案以改进质量、成本和整体效率
	计划、管理并监督现场人员的作业,激励并评估现场人员的工作表现
	推动供应商内部质量改善

汽车质量工程师岗位要求如表 4-7 所示。

表 4-7 汽车质量工程师岗位要求

汽车质量工程师岗位要求	熟悉汽车结构性能和生产流程
	熟练运用品质分析、改善工具
	熟悉汽车产品相关标准
	熟悉汽车行业质量管理体系和本企业的质量保障体系
	熟悉产品检验规程和流程,熟悉各种常规检验计量器具的使用方法,熟悉常规检验方法,能熟练运用常用的统计技术分析方法
	熟悉机械制图,并对产品及其零部件制造工艺过程和技术要求相对熟悉
	具有良好的沟通技巧、协调能力及团队合作精神,优秀的计划和执行能力
	具有良好的英语表达能力,能做好交流沟通工作

4.4 汽车产品试验岗位

4.4.1 汽车试验

汽车试验通常是指在专用试验场、其他专用场地或实验室内,使用专用设备、设施,依照试验大纲及有关标准,对汽车或总成部件进行各种测试的工作过程。汽车试验的目的是对产品的性能进行考核,使其缺陷和薄弱环节充分暴露,以便进一步研究并提出改进意见,以提高汽车性能。

4.4.2 汽车试验的分类

汽车试验可以按试验目的、试验对象、试验场所不同进行分类,如图 4-23 所示。

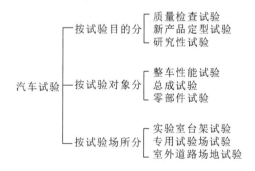

图 4-23 汽车试验分类

1. 按试验目的分类

(1) 质量检查试验。对目前的产品定期进行质量检查试验,以考查产品质量的稳定性。一般试验项目简单,主要针对用户的反馈意见进行。

(2) 新产品定型试验。在新型汽车投产以前,首先要进行全面性试验,同时在不同地区进行适应性、使用性试验。考察在试验过程中是否有重大损坏、性能恶化及维修频繁的情况等。一般先进行样车试验、小量(3~8 台)试验、投产前的小批量试验,改进后再进行批量生产。

（3）研究性试验。改进现有产品、开发新产品、采用新材料新工艺等，进行较深入的试验，一般采用较先进的仪器设备。同时，也包括新的试验方法与测试技术的探讨、试验标准的制订等。

2. 按试验对象分类

（1）整车性能试验。目的是考核整车的主要技术性能，测出各项技术性能指标，如动力性、燃油经济性、接近角、离去角、最小离地间隙、最小转弯半径等。

（2）总成试验。主要考核机构及总成的工作性能和耐久性，如发动机性能、变速器机械效率、悬架装置的特性，以及它们的结构强度、疲劳寿命、耐久性等。

（3）零部件试验。主要考核汽车零部件设计和工艺的合理性，测试其精度、强度、磨损和疲劳寿命，以及研究材料的选择是否合适。

3. 按试验场所分类

（1）实验室台架试验。试验不受环境影响，可不间断地进行，适用于汽车性能的对比试验和可靠性、耐久性试验。不仅适用于汽车的总成部件，也适用于汽车整车。

（2）专用试验场试验。按照预先制订的试验项目、试验规范，在规定的行驶条件下进行的试验。可在不受道路交通影响的情况下完成汽车性能试验。

（3）室外道路场地试验。在不同气候、不同交通状况的地区，不同道路条件的多种实际道路路面上行驶，考核汽车各项性能是否满足实际使用要求。

4. 汽车的典型试验形式

汽车的典型试验形式有试验场测试、道路测试、风洞试验、碰撞试验等。

（1）试验场测试。很多汽车企业都有自己的试验场，试验场的不同路段分别模拟不同路况，有沙石路、雨水路、搓板路、爬坡路等。图 4-24 所示为汽车试验场。

（2）道路测试。道路测试是样车试验最重要的部分，通常要在各种不同的区域环境中进行，在我国北到黑龙江、南到海南岛都要进行道路测试，以测定在不同气候条件下车辆的行驶性能以及可靠性。道路测试是比较复杂的，包括高速路、沙尘路、水泥路、冰雪路等各种条件下的测试。图 4-25 所示为典型道路测试。

（3）风洞试验。风洞试验涉及空气动力学方面的知识。在油泥模型阶段就已进行初步的风洞试验了，样机制作好后会进行进一步测试。图 4-26 所示为汽车风洞试验。

（4）碰撞试验。碰撞试验主要测试汽车的结构强度。在新车上市前，企业要经过多次测试，主要是利用人体模型，通过各种传感器考察碰撞对人体模型的伤害。碰撞试验完成以后，新车型的性能得到确认，产品定型。图 4-27 所示为汽车碰撞试验。

图 4-24 汽车试验场

图 4-25 典型道路测试

图 4-26 汽车风洞试验

图 4-27 汽车碰撞试验

4.4.3 汽车测试工程师

汽车测试工程师主要负责计划和实施汽车测试项目,对整车或汽车零部件进行功能、耐久性及安全性的测试分析,并记录测试结果,完成汽车测试报告。

汽车测试工程师的主要工作内容如表 4-8 所示。

表 4-8 汽车测试工程师的主要工作内容

汽车测试工程师的主要工作内容	收集、整理和分析车辆检测资料和相关产品检验信息
	配合供应商对汽车所有组件、装配进行测试
	完成车辆相关检验工作
	根据检验结果出具检验报告,并提交至相关部门
	协助处理客户反馈的质量问题
	跟踪梳理各子系统零件测试进展,及时预警并推动问题解决
	负责收集整车项目测试预算,并对预算进行管理
	根据项目开发进度,提交各节点所需交付物

汽车测试工程师岗位要求如表 4-9 所示。

表 4-9 汽车测试工程师岗位要求

汽车测试工程师岗位要求	熟悉汽车结构性能和生产流程
	具备汽车测试等专业知识
	了解整车开发流程及测试原则
	了解整车测试的国家标准
	熟悉各种汽车测试设备,能够制订测试方案
	掌握数据处理的方法和相关软件的使用方法
	能够承受较强的工作压力,能适应出差
	具有良好的沟通技巧、协调能力及团队合作精神,优秀的计划和执行能力
	具有良好的英语表达能力,能做好交流沟通工作

4.5 汽车销售岗位

4.5.1 汽车市场营销

汽车市场营销指进行汽车市场调研、分析与竞争研究,为企业生产经营决策提供咨询,并可进行汽车产品营销策划。汽车市场营销是众多的汽车厂家、众多的品牌和车型充斥市场的当下最好的选择。汽车市场营销研究的对象和主要内容是识别目前未满足的市场需求和消费欲望,估量和确定需求量的大小,选择企业为之服务的目标市场,并且确定适当的终端产品或方案以便为市场服务。汽车市场营销的目的,就在于了解消费者的需要,按照消费者的需要来设计和生产适销对路的产品,同时选择销售渠道,做好定价、促销等工作,从而使这些产品及时地销售出去。

4.5.2 汽车产品销售渠道

销售渠道也称分销渠道,指产品从生产者向最终消费者或用户流动时所经过的途径或环节,或者说是指企业将产品传递给最终购买者的过程中所使用的各种中间商以及实体分配机构的总和。汽车销售渠道的环节主要包括:汽车销售渠道的起点生产企业、中间商和终点消费者。汽车销售渠道是汽车产品从汽车生产企业向最终消费者直接或间接转移汽车所有权所经过的途径,是联系汽车生产者和消费者的纽带。

汽车销售渠道主要类型如图 4-28 所示,共五种。第一种是由汽车生产企业直售型,属于零层渠道模式;第二种是由汽车生产企业转经销商直售型,属于一层渠道模式;第三种是由汽车生产企业经批发商转经销商直售型,属于二层渠道模式;第四种是由汽车生产企业经总经销转经销商直售型,属于二层渠道模式;第五种是由汽车生产企业经总经销商与批发商后转经销商直售型,属于三层渠道模式。

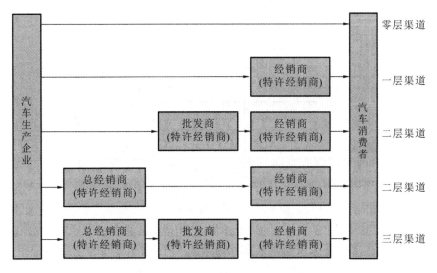

图 4-28 汽车销售渠道主要类型

由于汽车生产国家历史及社会环境的差异,汽车产品销售渠道也在不断地发展与变化,而且不尽相同,各具特色。

1. 国外汽车销售渠道

(1) 美国汽车销售渠道。在美国,主要是以生产商为主导的专营代理销售体系,生产商按主品牌安排销售渠道,代理商提供整车销售、配件供应、维修、信息反馈等方面的服务,称作"四位一体",即国内的4S店,如图4-29所示。

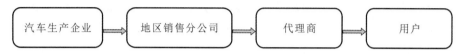

图 4-29 美国汽车销售渠道

从图中可以看出,美国式营销网络模式中,汽车生产商网络管理多采用地区销售分公司的做法,形成以生产商为主导的专营代理销售体系。当前,美国几大生产都是按主品牌安排销售渠道,如福特分为 Ford、Lincoln 以及 Mercury 三大品牌分销体系。

(2) 欧洲汽车销售渠道。在欧洲,分销商一般是独立的公司,在特定的区域独家分销某汽车生产商的产品,并在该地区或市场代表其生产商的利益。分销商不进行零售,而是将某汽车批发给下一级代理商。分销商负责管理车辆从生产厂家到销售网络的运输过程,管理销售的代理商网络,为代理商及最终用户提供售后支援工作。网络中的代理商直接面向用户,进行零售。代理商与分销商以合同形式成为分销商的专营代理,并被批准在某个特定地区进行营销。欧洲汽车销售渠道如图4-30所示,整个销售渠道以生产商为中心,其网络构成分为两级,即一级销售网点和二级销售网点,汽车生产商实行市场责任区域分工制,各区域都有提供销售一体化服务的代理商。

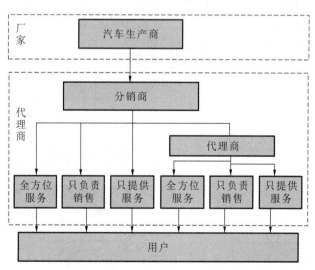

图 4-30 欧洲汽车销售渠道

(3) 日本汽车销售渠道。日本汽车分销体制经历了几次变革,但其由生产商主导的特色一直未发生大的变化,尤其是分网销售模式一直延续至今,形成了日本独特的分销体制。日本汽车销售渠道如图4-31所示。从图中可以看出,在日本,汽车生产商不仅仅生产汽车,而且直接面向用户进行零售业务。生产商在分销体制中的主导地位显而易见,生产商根据行政区域划分设置分销网点,其规模大小、网点密度皆取决于区域的市场状况。

(4) 韩国汽车销售渠道。在韩国,分销渠道简单,由生产商的销售分店进行直销,或由完全控制的全资代理商经销。代理商经营规模小,销售品牌单一,通常只销售单一生产商的单一品牌产品。生产商对代理商的控制体现在:价格控制(生产商统一定价)、渠道控制(代理商不得出售其他品牌产品)、财务控制(财务状况差即被取消代理资格)、客户信息控制(必须向生产商提供客户数据)。韩国汽车销售渠道如图 4-32 所示。

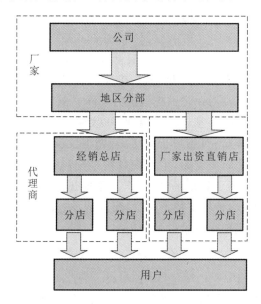

图 4-31　日本汽车销售渠道

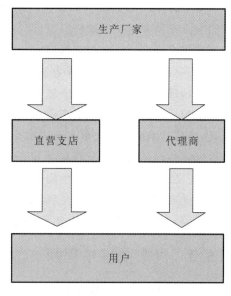

图 4-32　韩国汽车销售渠道

以上四种销售渠道皆是围绕汽车生产商建立的。生产商通过各种手段对分销渠道进行严格的控制,一方面以保证生产商的营销策略能及时有效地执行,另一方面,生产商也更直接地接触用户,从而提供优质满意的各项服务。由于市场越分越细,汽车品种越来越丰富,因此分销渠道也更加多样化。但生产商都在采取各项措施控制分销渠道的费用,降低成本,提高竞争力。

2. 国内汽车销售渠道

目前,我国汽车销售渠道主要有品牌专卖制、总代理式、特许经销式、汽车交易市场、区域代理式、网络销售等。

(1) 品牌专卖制。主要就是目前大行其道的 4S 店,渠道模式可表述为生产商→专卖店→最终用户。品牌专卖制是 1998 年以来由欧洲传入我国并发展起来的渠道模式,最先由别克、广本、奥迪等品牌建立,主要以"三位一体"(3S,包括整车销售、零配件供应、售后服务)专卖店和"四位一体"(4S,包括整车销售、零配件供应、售后服务、信息反馈)专卖店为表现形式。

(2) 总代理式。渠道模式可表述为生产商→总代理→区域代理→(下级代理商)→最终用户,进口汽车主要采用这种模式,如奔驰、宝马、劳斯莱斯等。

(3) 特许经销式。渠道模式可表述为生产商→特许经销商→最终用户。这种模式是由于汽车生产商逐渐发现很难对经销商的经销行为进行规范而产生的,如富康。

(4) 汽车交易市场。如北京亚运村汽车交易市场、成都红牌楼汽车交易市场等。汽车交易市场将多家汽车经销商和汽车品牌集中于同一场地,并设立工商、交通管理部门,是一种综合性的渠道模式。这种模式不仅可供消费者进行多样化选择,还具有交易手续快捷、交易成本较低等优点。

(5)区域代理式。渠道模式可表述为生产商→区域总代理→下级代理商→最终用户。这种模式与 IT 渠道的区域代理制基本一致,这是汽车渠道最早采用的模式。由于存在对经销商的控制力差的问题,因此目前使用这种模式的生产商已较少。

(6)网络销售。互联网时代,通过网络销售已经越来越受到消费者重视,电子商务网站已经成了影响汽车销售的一个重要渠道。

汽车销售渠道中所存在的问题:生产商和渠道经销商之间存在着博弈现象,生产商认为经销商难管、不听话、胡乱要价,二者为各自不同的利益争执不休,营销方案和政策执行不下去,导致生产商和最终用户之间的距离越来越远,生产商对用户的把握能力下降。例如,目前指导价和市场价间巨大的差距就是生产商心中难言的痛,一家经销商降价可以处罚,可全体经销商都降价,生产商就不得不接受事实而再次降低指导价;可指导价降了,经销商又会提出更低的实际售价(当然,这是消费者所喜闻乐见的),于是周而复始,生产商就被经销商牵着鼻子走。同样,经销商之间的冲突也不断,他们抱怨生产商不了解市场情况,产品不能迅速适应市场变化,服务差,返点和销售奖励不能兑现,供货周期长,价格支持不到位,配送不及时,对渠道不能够平等对待等。更为难的是,网上销售与传统渠道似乎也难以平衡。

4.5.3 汽车销售工程师

汽车销售工程师是指能够独立管理和策划汽车产品的区域销售、营销业务的高级销售人才。其主要工作内容如表 4-10 所示。

表 4-10 汽车销售工程师的主要工作内容

汽车销售工程师的主要工作内容	负责所辖区域的销售工作
	制订销售计划并执行
	根据销售策略开拓市场,拓宽客户群体,扩大产品销售范围
	搜集行业信息、竞争对手信息、客户信息等,分析市场发展趋势;学习与掌握技术知识与产品知识,为公司产品线规划提供建设性意见
	管理销售人员
	编写客户拜访计划,拜访客户,了解客户需求;跟踪落实订单异常情况及客户投诉,维护客户关系
	对应收账款、账龄提出改善建议,跟踪催收应收账款,对逾期销售回款进行催收,保障及时回款

汽车销售工程师岗位要求如表 4-11 所示。

表 4-11 汽车销售工程师岗位要求

汽车质量工程师岗位要求	熟悉汽车结构性能和生产流程
	熟悉运用品质分析、改善工具
	熟悉汽车产品相关标准
	熟悉汽车行业质量管理体系和本企业的质量保障体系
	熟悉产品检验规程和流程,熟悉各种常规检验计量器具的使用方法,熟悉常规检验方法,能熟练运用常用的统计技术分析方法
	熟悉机械制图,并对产品及其零部件制造工艺过程和技术要求相对熟悉
	良好的沟通技巧、协调能力及团队合作精神,优秀的计划和执行能力
	具有良好的英语表达能力,能做好交流沟通工作

4.5.4 汽车技术支持工程师

汽车技术支持工程师主要负责汽车市场支持性技术资料的收集,为汽车经销商、服务商及销售部门提供技术支持,并对客户提出的汽车测试标准进行可行性评估。汽车行业竞争激烈,一个好的技术支持工程师在为客户提供优质服务的同时也提升了企业的信誉和形象,是企业渴求的重要人才。

汽车技术支持工程师的主要工作内容如表 4-12 所示。

表 4-12 汽车技术支持工程师的主要工作内容

汽车技术支持工程师的主要工作内容	为营销企划、市场研究、销售及售后服务提供汽车技术和资料上的支持
	对客户提出的要求进行评估,分析其可行性
	与研发部门和生产部门进行技术对接,实时掌握产品技术的最新信息
	整理汽车技术资料,协助建立和维护汽车技术文档体系
	配合销售撰写技术方案
	协助销售人员和客户进行各个层面的技术交流和解答
	负责编著公司内部汽车产品知识及汽车技术的培训资料,并实施培训

汽车技术支持工程师岗位要求如表 4-13 所示。

表 4-13 汽车技术支持工程师岗位要求

汽车技术支持工程师岗位要求	熟悉汽车构造、汽车理论,具有丰富的专业知识
	熟悉汽车设计、制造流程
	熟悉汽车报废检测和环保检测及汽车零部件检测
	对汽车标准和市场有比较全面的了解
	能够承受较强的工作压力,能适应出差
	善于合作,具有良好的团队精神

复习思考题

1. 汽车工程师的类型有哪些？
2. 不同类型的汽车企业对人才的需求有什么不同？
3. 汽车产品的开发流程是怎样的？
4. 汽车设计工程师的主要工作任务是什么？
5. 汽车的试验形式主要有哪些？
6. 汽车测试工程师的主要工作内容是什么？
7. 汽车制造工程中主要有哪些工艺？
8. 汽车工艺工程师的岗位要求有哪些？
9. 汽车的销售渠道主要有哪些类型？
10. 汽车销售工程师的主要工作内容是什么？

第5章 工科大学生学习方法与时间管理

正在高校学习的大学生,肩负着实现社会主义现代化的历史重任。同时,短暂的大学阶段也是大学生获得知识和发展能力的重要时期,会对他们以后的生活产生重大影响。大学生如何顺利而有效地完成大学学习任务,是广大教育工作者和大学生所共同面临的问题。这个问题的解决,除了有赖于教学条件和教育教学工作者的教学水平的提高外,更重要的是要在教育教学中加强对大学生学习方法和时间管理能力方面的辅导和训练。

5.1 大学学习特点

从中学到大学,是大学生人生的重大转折。大学生活的重要特点表现为:学生在生活上要自理,在管理上要自治,在思想上要自我教育,在学习上要高度自觉。尤其是在学习的内容、方法和要求上,与中学的学习相比发生了很大的变化。学生要想真正学到知识和本领,除了继续发扬勤奋刻苦的学习精神外,还要适应大学的教学规律,掌握大学的学习特点,选择适合自己的学习方法;既要具备比较深厚的理论基础和掌握专业知识,还要重视各种能力的培养。大学教育具有明显的职业定向性,要求大学生除了扎扎实实掌握书本知识之外,还要培养研究和解决问题的能力。因此,大学生要特别注意自学能力的培养,学会独立地支配学习时间,自觉地、主动地、生动活泼地学习。此外,还要注意思维能力、创造能力、组织管理能力、表达能力的培养,为将来适应社会工作打下良好的基础。

5.1.1 学习的自主性特点

大学学习与中学学习截然不同的特点是学生的依赖性降低,以主动自觉地学习为主。大学教育既传授基础知识,又传授专业知识,教育的专业性很强,同时知识的深度和广度相对中学的大为扩展。课堂教学往往是提纲挈领式的,教师在课堂上只讲难点、疑点、重点或者是教师最有心得的一部分,其余部分就要由学生自己去攻读、理解、掌握。在学习期间,大部分时间是留给学生自学的。因此,大学生必须培养和提高自学能力。大学的学习不能像中学那样完全依赖教师的计划和安排,学生不能只单纯地接受课堂上的教学内容,必须充分发挥主观能动性,发挥自己在学习中的潜力。这种充分体现自主性的学习方式,将贯穿于大学学习的全过程,并反映在大学生活的各个方面。如学习的自主安排、学习内容和学习方法的自主选择等。

培养自学能力,是适应大学学习自主性特点的一条重要途径,每个大学生都要养成自学的习惯。正如世界著名科学家、教育家钱伟长所说:一个人在大学四年里,能不能养成自学的习惯,学会自学,不但在很大程度上决定了他能否学好大学的课程,把知识真正学通、学活,而且影响到他在大学毕业以后,能否不断地吸收新的知识,进行创造性的工作。当今社会,知识更新速度越来越快,三年左右的时间人类的知识量就会翻一番,大学毕业后不会自学或没能养成自学的习惯,不会更新知识是不行的。因此,培养和提高自学能力,是大学生必须完成的一项重要任务,也是进行终身学习的基本条件。在学习方法的选择上,大学生更应发挥自主性。一般来说,大学生学习活动主要有四种:教育大纲规定的课堂学习活动;补充课堂知识的自学活动;独立钻研的创造性活动;相互讨论、相互启发的学习活动。学生在各种不同的学习活动中,都要发挥学习的自主性,可根据自己的情况,选择适合自己的最有效的学习方法。大学的学习,不再是去死记硬背老师所讲的内容,而是按照自己的学习目标和专业要求,选择、吸收有用的知识。在方法上要自主选择,靠自己去理解和消化所学的知识。

5.1.2 专业性与综合性相结合的特点

大学教育具有最明显的专业性特点。从报考大学的那一刻起,专业方向的选择就提到了考生面前,被录取上大学,专业方向基本上就已经确定了。四年大学学习的内容都是围绕着这一大方向来安排的。大学的学习实际上是一种高层次的专业学习,这种专业性,是随着社会对本专业要求的变化和发展而不断深入的,知识不断更新,知识面也越来越宽。为适应当代科技发展既高度分化又高度综合的特点,这种专业性通常只能给出一个大致的方向,而更具体、更细致的专业目标在大学四年的学习过程中或是在将来走向社会后,才能最终确定下来。因此,高校在对学生进行专业教育的同时,还要兼顾适应科技发展特点和社会对人才综合性知识要求的特点,尽可能扩大综合性,以增强学生毕业后对社会工作的适应性。一般来讲,专业对口是相对的,不可能达到专业完全对口,这样,学生在大学期间除了要学好专业知识外,还应根据自己的能力、兴趣和爱好,选修或自学其他课程,扩大自己的知识面,为毕业后更好地适应工作打下良好的基础。

5.1.3 全面发展和注重能力培养的特点

个人能力的全面发展,指学生不仅要有良好的科学文化素质、身体素质、思想道德素质,而且要有能妥善处理人际关系和适应社会变化的能力。我国教育历来都强调德、识、才、学、体五个方面的全面发展,或简称为德才兼备。人才的五要素是一个统一的有机体,五个方面对人才的成长互相促进、相互制约,缺一不可。能力的培养是现代社会对大学教育提出的一个重大任务。知识再多,不会运用,也只能是一个知识库、"书呆子",造成"高分低能",这就使得能力的培养成为高等教育中十分重要的问题。获取知识和培养能力是人才成长的两个基本方面,它们之间是相辅相成的。广博的知识积累是培养和发挥能力的基础,而良好的能力又可以促进知识的掌握。一个人是否能称为人才,不在于他积累了多少知识,而在于其是否具有利用知识进行创造的能力。创造能力体现了识、才、学等智能结构中诸要素的综合运用,大学生要想学有所成,将来在工作中有所发明、有所创造,对人类社会的进步有所贡献,就必须注意各种能力,如科学研究能力、发明创造能力、捕捉信息的能力、组织管理的能力、社会活动的能力、仪器设备的操作能力、语言文字的表达能力等的培养。在当今世界的激烈竞争中,最根本的是高科技竞争,而高科技的竞争则主要取决于人才的培养和人才能力的发挥。大学教育从某种意义上讲,正是培养有知识、有能力的高科技人才的重要环节。这就要求大学生在校学习期间,必须在全面掌握专业知识和其他有关知识的基础上,加强专业技能的培养和智力的开发,在学习书本知识的过程中重视教学实践环节的锻炼和学习。要认真搞好专业实习和毕业设计,积极参加社会调查和生产实践活动,努力运用现代化科学知识和科学手段研究并解决社会发展和生产实践中的各种实际问题,克服在学习中存在的理论脱离实际和"高分低能"的不良倾向。

5.2　大学学习方法

掌握正确的学习方法是提高学习效率,达到学习目的的手段。钱伟长曾对大学生说过:"一个青年人不但要用功学习,而且要有好的科学的学习方法。要勤于思考,多想问题,不要靠死记硬背。"学习方法对了,往往能收到事半功倍的成效。在大学学习中要把握住的几个主要环节是:预习、听课、复习、总结、记笔记、做作业、考试等。这些环节把握好了,就能为进一步获取知识打下良好的基础。

1) 预习

这是掌握听课主动权的主要方法。预习中要把不理解的问题记下来,听课时增加求知的针对性,既节省学习时间,又能提高听课效率,是学习中非常重要的环节。

2) 听课

听课时要记好笔记。上课时要集中精力,全神贯注,对老师强调的要点、难点和独到的见解,要认真做好笔记。课堂上力争理解老师所讲的内容,经过认真思考,消化吸收,变成自己的东西。

3) 复习和总结

课后及时复习,是巩固所学知识必不可少的一环。复习中要认真整理课堂笔记,对照课本和参考书,进行归纳和补充,并把多余的部分删掉,经过反复思考写出自己的心得和摘要。每过一个月或一个阶段要进行一次总结,将所学知识融会贯通,温故而知新,形成自己的思路,把握所学知识的来龙去脉,使所学知识更加完整、系统。

4) 做作业和考试

做作业的目的是巩固、消化知识,考试的目的是检验对所学知识掌握的程度,二者都能起到及时找出薄弱环节而加以弥补的作用。做作业要举一反三、触类旁通。要养成良好习惯,对考试要有正确的态度,不作弊,不单纯追求高分,要把考试作为检验自己学习效果和培养独立解决问题能力的演练。

在学习中抓住这几个基本环节,独立思考,在理解的基础上进行记忆,并及时消化和吸收。经过不断思考,不断消化,不断加深理解,所得到的知识和能力才是扎实的。大学学习除了要把握好以上主要环节之外,还要有目的地研究学习规律,选择适合自己的学习方法,提高获取知识的能力。

具体说来,大学学习方法主要有:制订科学的学习规划与计划;讲究读书的方法和艺术;充分利用时间;完善知识结构,注意能力培养;等等。

5.2.1　制订科学的学习规划和计划

大学学习单凭勤奋和刻苦精神是远远不够的,只有掌握了学习规律,相应地制订出学习的规划和计划,才能有计划地逐步完成预定的学习目标。马克思曾说过:"没有规划的学习简直是荒唐的。"可见严密的学习规划是完成学习任务的保证。首先要根据学校的教学大纲,从个人的实际出发,根据总目标的要求,从战略角度制订出基本规划。如设想在大学自己要达到的目标,需要构建什么样的知识结构,学完哪些科目,培养哪几种能力等。大学新生制订整体计划是困难的,最好请教本专业的老师和请教高年级同学。先制订好一年级的整体计划,经过一年的实践,待熟悉了大学的特点之后,再完善四年的整体规划。其次要制订阶段性具体计划,如一个学期、一个月或一周的安排。主要是根据入学后自己的学习情况、适应程度,确定学习的重点,进行学习时间的分配,以及学习方法的调整、参考书的选择等。制订计划要遵照符合实际、切实可行、不断总结、适当调整的原则。

5.2.2 讲究读书的方法和艺术

在大学学习中,不光要完成课堂学习的任务,更重要的是要发挥自学的能力,在有限的时间里去充实自己,选择与学业及自己的兴趣有关的书籍来读是充实自己最好的办法之一。莎士比亚说:"书籍是全世界的营养品。"培根也说:"书籍是在时代的波涛中航行的思想之船,它小心翼翼地把珍贵的货物送给一代又一代。"学会在浩如烟海的书籍中,选取适合自己阅读之书,就需要掌握读书的艺术。首先要确定读什么书,其次要对确定要读的书进行分类。书籍一般来讲可分为三类:第一类是只需浏览的书;第二类是值得通读的书;第三类是需要精读的书。正如培根所说:"有些书可供一赏,有些书可以吞下,不多的几部书应当咀嚼消化。浏览可粗,通读要快,精读要精。"这样就能在较短的时间里读很多书,既可广泛地了解最新科学文化信息,又有助于深入研究重要理论知识,这是一种较好的读书方法。读书时还要做到如下两点:一是读思结合,读书要深入思考,不能浮光掠影,不求甚解;二是读书不唯书,不读"死"书,这样才能学到真知。

5.2.3 充分利用时间

大学期间,除了上课、睡觉和集体活动之外,其余的时间机动性很大,科学地安排时间对成就学业是很重要的。吴晗在《学习集》中说:"掌握所有空闲的时间加以妥善利用,一天即使学习一小时,一年就积累365小时,积零为整,时间就被征服了。"想成事业,必须珍惜时间。首先,要安排好每日的作息时间表,安排时要根据自己的身体和用脑习惯,要弄清楚在大脑最好用时干什么,大脑疲惫时干什么,做到既能调整大脑,又能做一些其他的事情,如参加文体活动等。一旦安排好时间表,就要严格执行,切忌拖拉和随意改变,要养成今日事今日做的习惯,千万不要等明日。我生待明日,万事成蹉跎。其次,要珍惜零星时间,大学生活越丰富多彩,时间切割得就越细,零星时间就越多。华罗庚曾说:"时间是由分秒积成的,善于利用零星时间的人,才会做出更大的成绩来。"英国数学家科尔,1903年因攻克一道200年来无人攻破的数学难题而轰动世界,而他是用了近三年的星期天来完成这项工作的。

5.2.4 完善知识结构,注意能力培养

所谓合理的知识结构,就是既有精深的专门知识,又有广博的知识面,具有事业发展需要的最合理、最优化的知识体系。诺贝尔物理学奖获得者李政道博士说:"我是学物理的,不过我不专看物理书,还喜欢看杂七杂八的书。我认为,在年轻的时候,杂七杂八的书多看一些,头脑就能比较灵活。"大学生建立知识结构,一定要注意全面发展,防止知识面过窄。当然,建立合理的知识结构是一个复杂长期的过程,必须注意如下原则:整体性原则,即专博相济,一专多

通,广采百家为我所用;层次性原则,即合理知识结构的建立,必须从低到高,在纵向联系中,划分基础层次、中间层次和最高层次,没有基础层次,较高层次就会成为空中楼阁,没有高层次,则显示不出水平,因此任何层次都不能忽视;比例性原则,即各种知识的数量和质量保持合理比例,比例应根据培养目标来定,成才方向不同,知识结构的组成就不一样;动态性原则,即所追求的知识结构绝不应当处于僵化状态,而是能够不断进行调节的动态结构。这是适应科技发展、知识更新、研究探索新的课题和领域、职业和工作变动等因素的需要,不然跟不上飞速前进的时代步伐。

大学生要培养的能力范围很广,主要包括自学能力,操作能力,研究能力,表达能力,组织能力,社交能力,查阅资料、选择参考书的能力,创造能力,等等。这些能力都是为将来在事业上奋飞做准备的。正如爱因斯坦所说:"高等教育必须重视培养学生具备会思考、探索问题的本领。人们解决世上的所有问题都是用大脑的思维能力和智慧,而不是搬书本。"总之,凡是将来从事的工作所需要的能力和素质,我们都必须高度重视,并在学习的过程中自觉认真地去培养。

5.2.5 大学学习规划十七条

(1) 认真进行自我发展设计,规划最适合自己的学习生涯发展路线。
(2) 意识到大学学习与中学学习的差异,特别要走出"应试教育"误区。
(3) 确定适合自己的长期、中期、近期学习目标并制订详细计划,坚持执行。
(4) 选用适合自己的学习方法,探索出个人学习风格,提高学习效率。
(5) 主动进行探索性和研究性学习,而不只是被动接受知识。
(6) 合理分配自己的学习时间,特别是有效利用课余时间。
(7) 学习的内容不仅仅局限于课本,更要联系实际,进行实践。
(8) 不只学习自己专业的知识,还要了解其他学科知识。
(9) 学会查阅资料,了解自己专业最新的研究进展。
(10) 抓住自己学习中的灵感,发挥创造性,想办法将它实现。
(11) 多向老师、同学请教学习经验和学习感受。
(12) 多参加学术交流活动,听专题报告、讲座。
(13) 正视学习中的困难和挫折,及时调整自己的消极心理。
(14) 发现和培养自己的学习兴趣,坚持学习自己喜欢的学科。
(15) 善于肯定自己的每一次进步和成功,寻找学习的成就感。
(16) 坦然面对考试,消除自己过于紧张和焦虑的情绪。
(17) 更广泛地学习,学习生活、学习交际、学习休闲、学习运动。

5.3 大学生时间管理

时间是每个人最重要的资源之一,同时也是最有限的资源之一。现实生活节奏加快,使时间的分配显得非常重要,简单地说,时间管理做得好,可以事半功倍,做得不好则会事倍功半。因此,大学生在正式走上工作岗位之前,养成时间管理的良好习惯是很必要的,而这一切要从认识时间管理开始。

时间管理,顾名思义是对时间的管理,这是因为时间作为一种特殊的资源,有易逝性。时间的存在正如它的流逝一样,没有任何显著的特征,也没有任何痕迹,因此我们常常有这样的感觉:不知不觉中已经又是夜幕降临或者说又是新的一天了。时间管理就是在日常生活工作中始终如一地、有的放矢地使用那些被实践证明行之有效的工作方法,以便组织、管理好自己生活和工作的方方面面,最大限度地利用自己所拥有的时间。时间管理的现实意义在于面对时间的流动能够进行自我管理,管理者需要抱持的态度是将过去作为现在改善的参考,把未来作为现在努力的方向,好好把握现在,用正确的方法做正确的事。

同其他的管理一样,在时间管理的过程中一定要抓住事情的本质,既不遗漏任何事情也不能让要做的事情太多,也就是说,首先将所有要做的事情不分大小,统一纳入一个系统中进行管理,做到全部收集、不遗漏,其次对要做的事情归类分析,从而减少某一特定时间段要做的事情。由此可见,时间管理简单地说就是在现实生活中将对时间的分配和对事件的处理相结合,并将其中行之有效的方法加以沿用的过程。

5.3.1 大学生时间管理存在的问题

一位学者曾在温州七所高校做过问卷调查,经过统计分析,总结了大学生在时间管理方面存在的一些问题。

(1) 缺乏时间意识。经历了紧张奋斗的中学学习生活,进入相对自由的大学,84%的大学生表示对如何管理时间感到很茫然。48%的大学生具有较强的时间管理倾向,21%的大学生时间管理倾向比较弱,28%的大学生时间管理倾向一般。

(2) 计划效率偏低。很多大学生仅仅把计划停留在纸面甚至头脑中,在执行上比较僵化,这就导致36.5%的大学生表示不会去执行计划,56%的大学生在计划的执行过程中不能针对自身的具体情况做出适当的调整。

(3) 管理满意度不高。这主要体现在时间利用效率、零碎时间和闲暇时间的利用上。在零碎时间的利用方面,仅有26.8%的大学生认为自己善于利用零碎时间,35.2%的大学生认为自己不善于利用零碎时间。

从以上分析可以看出,大学生在时间管理上的问题:一是没有正确的时间管理方法,导致时间管理效果很不明显;二是学生易沦为思想上的巨人、行动上的矮子,虽然有时间管理的意识,但没有切实行动的动力,使得时间管理难以进行。针对这一现状,下面提出几点建议。

5.3.2 时间管理的策略

1. 树立明确目标

生活要有目标,学业、事业同样也要有目标。简单地说,有了明确的目标,生活中就有事可做了,不会出现不知道要做什么的情况。有人说,目标像是分离器,可以将事情筛选分类成与目标有关和与目标无关的两类,过滤掉与目标无关的事,从而减少很多不必要的劳动,使生活井然有序,使人达到时时事事有目的的美好境界。也有人将目标形象地称为指南针,它能使人沿着既定的方向前进,并激发人的潜能,推动我们去实现人生价值。

为了避免目标变成一纸空文,我们在制订目标时要坚持以下几个原则。

(1) 坚持实事求是,目标必须切合实际,具备现实可行性。目标太高易中途放弃,难以树立继续行动的自信心,甚至导致最终一事无成;目标太低,又会缺乏挑战性,不能达到激发潜能的目的,失去了最初的意义。

(2) 目标的实现必须有时限。目标的重要特性之一就是目标的时限性。目标一旦毫无时间限制,就失去了追求的意义。只有建立具有时限的目标,才可以发挥对应的行动计划的控制作用。

(3) 目标必须具有可衡量性。通过对目标的衡量,了解目标是否能实现以及实现到何种程度,如果难以衡量,那么就很难知道目标能否实现,因此目标也就失去意义了。

(4) 长远目标与当前目标相结合、整体目标与短期目标相结合,不要常立志而要立长志。

著名时间管理大师肖恩·柯维说,各行各业的人常常为了得到更高的收入、更多的承认或者某种程度的专业能力而奋斗,陷入了事务性的圈子,为生活忙忙碌碌,在成功的阶梯上日益奋力地攀登,可到头来发现梯子靠错了墙。由此可见目标正确、切实可行的重要性。现实生活中,仍然是有人成功有人迷茫,部分人身在其中却又无法找到目标和希望。结束这种没有目标的生活状态应从此刻起。

首先可以进行自我评估与环境评估,收集信息,分析自身的长处和不足,进行职业生涯设计,制订明确的事业目标;其次将长期的事业目标再分解成短期的可行目标,分阶段一步一步地实现,同时经常检查目标,检查目标是否明确、是否具体、是否能转化为行动。常常自我检查是否偏离了目标,以此作为行动的指南。

2. 制订行动计划

古人云:凡事预则立,不预则废。意思是说,一切组织、一切人,不管做什么事,在确定了目标之后,都要有一个周密的计划。计划是一切管理的起点,如果没有工作计划,就如同大厦没有坚实的根基。尽管计划赶不上变化,但是有了计划工作才能有条不紊。离开了计划,评估工作无法进行,这是因为离开了计划,就没有依据去评估目标完成的程度,也就无法确定目标的走向。因此我们有责任为自己的目标设定有效、可行的行动计划。

在制订行动计划时应特别注意以下几点。

第一,以事实为依据,进行准确的自我评价和自我认识。我们作为大学生,应该对自己所处的现状有明确的把握和准确的判断。实际的状况是一切行动的出发点,只有明确自身的特点才能制订出适合自己的、切实可行的行动计划。

第二,制订的计划有切实可行性。个人能力、特质是制订计划的限制条件。周围的环境是否有利于计划的实现是一个至关重要的问题。计划一旦脱离实际,一切行动都将毫无意义,计划的步骤、内容都要符合实际,切忌一意孤行、主观臆断、脱离实际。

第三,最重要的是认真贯彻执行计划,坚决不做思想上的巨人、行动上的矮子。制订计划后,剩下的事就是为之而努力奋斗了,如果没有实际履行,计划无疑是一纸空文,同样毫无意义。同时,一般情况下不要随意变更计划。但是,在执行计划的过程中,难免会出现新情况、新问题,要适时地根据新情况做出必要的调整,研究新情况,寻找新思路,解决新问题。当然,必要的调整不能违背初衷,否则同样会距离目标越来越远。

另外,在完善行动计划时应掌握60/40规则:用大约60%的时间安排事情,大约40%的时间用于为实现目标而努力。根据这一规则,可见做好计划的重要性。做好计划,行动时将会事半功倍。

3. 分清轻重缓急

美国新闻与传播学教授马歇尔·库克把生活中的全部行为分为四类：A类，紧急而重要，与你的核心价值有关，而且需要你立即关注；B类，重要但是不紧急，没有紧迫感；C类，紧急但不重要，与核心价值无关；D类，既不重要也不紧急。他总结说，在所要做的事情里，确实有重要甚至紧急的时刻，应先做重要而紧急的事情，接着是重要但不紧急的事，然后是紧急但不重要的事，排除不重要不紧急的事情。如果觉得所有的事情都按照重要/紧急的标准分成四类太烦琐的话，可以改为以问句的形式来适应自己的情况和生活方式，例如：这是我现在想做的或者要做的事情吗？

由此，我们可以对所有要做的事情进行分类，避免在琐事或者不必要的事情上浪费时间。同时，在生活中运用帕累托的80/20法则，即任何一组事件之中，最重要的通常只占一小部分，80%的结果可以用20%的时间来取得。在生活中，如果要在有限的时间里做一件几乎不可能完成的事，多数人会心存畏惧选择放弃或者是将这件事情留在后面，而这样做的结果是永远办不成难的事情。最好的办法是仔细分析一下，列出几件关键的事情，集中主要精力做好这几项就可以获得很大的好处。马歇尔·库克给我们的忠告是：集中精力在能获得最大回报的事情上，别在对成功无益的事情上花费时间。

4. 形成有条理的作风

身处职场的人们，每天大概要花一个小时来寻找那些埋没于桌子上成堆纸张里的文件而自己却没有意识到，实际上这些文件大都是没有用的。同样，作为大学生，在很多时候，我们也会忙着在宿舍翻箱倒柜地找一件衣服或者一份讲义，这与职场中找文件的行为如出一辙。因此，从现在开始学会整理，养成有条理的作风有重要意义。

生活中遵循的每一条法则，都需要有坚定的信念来支撑，特别是当你看到周围的人碌碌无为、懒散懈怠时，就更离不开它了。尤其在我们周围，常常会发生一个人的混乱导致一个宿舍的混乱，一个宿舍的混乱传染到其他宿舍的现象，这样的现象充分说明了环境的状况对人的影响是深刻的，这就更需要我们自觉养成有条理的习惯。形成有条理的作风可以从以下几点考虑。

首先，分清主次。变得有条理的第一步是分清主次。将材料或者自己手中的所有需要整理的东西分类放在有不同标签的地方，或者是能很容易找到而又不会被长期占用的其他的地方。

其次，用便签写下每天要做的事情。在纸上匆匆记录想法的习惯，对于帮助我们记忆必须要做的事是一种十分有效的途径。把事情记在纸上，这样就不会忘记一些重要的事。

再次，一旦学会做事有条理，那么保持有条理的状态将是很容易做到的。尽可能针对日常工作列出事务清单，对一天要做的主要的事情有清晰的思路，这样处理事情才不会毫无规律。

时间对整个世界来说是无限的，但是对每个人来说又是有限的。时间的节约与运用是极其重要的。作为有理想、有作为的大学生，我们应该把时间看作有限的物质财富，认真对待每一天，科学地进行时间管理，抓住时间管理的核心问题，即什么是必须做的和如何对时间实施统筹规划，充分利用人生的有限年华，尽可能多地创造美好的事物，实现人生价值。

复习思考题

1. 谈谈你认为好的学习方法。

2.谈谈你在时间管理方面面临的问题。
3.谈谈在互联网背景下你是如何对碎片化时间进行管理的。
4.谈谈你是如何看待最近非常流行的MOOC(慕课)在线学习这种学习方法的。
5.谈谈微信在大学生活中对你的影响及如何利用微信平台进行非正式学习。
6.按文中所提出的制订行动计划的学习管理方法制订你本学期的行动计划。

第6章 科学研究与实践创新素质培养

6.1 车辆工程专业实践课程的创新学习

实践教学是理论教学的延续和深化,贯穿于车辆工程专业大学四年教学的始终,以提高学生动手能力,培养创造能力和综合素质。学生通过足够的实验,采取循序渐进的学习方法,逐步加深理解和掌握所学的理论知识和应用技术,将理论和实践良好地结合起来。下面就实践课程系统地讲述创新学习。

6.1.1 创新的涵义

从哲学层面上说,创新是人类思维和实践的一种特殊形式,是人类突破传统,实现旧质状态向新质状态转化的创造性活动,也是人类寻求新的发展空间的存在形式。

创新的概念起源可追溯到1912年美籍经济学家熊彼特的《经济发展理论》。在这本著作中,熊彼特提出,创新是指把一种新的生产要素和生产条件的"新结合"引入生产体系,它包括五种情况:引入一种新产品;引入一种新的生产方法;开辟一个新的市场;获得原材料和半成品的一种新的供应来源;实现企业新组织。

概括地说,创新是以新思维、新发明和新描述为特征的一种概念化过程,它含有三层意思:第一,更新;第二,创造新的东西;第三,改变。创新是人类特有的认识能力和实践能力,是人类主观能动性的高级表现形式,是推动民族进步和社会发展的不竭动力。

创新有狭义和广义之说。狭义的创新是国际上通用的创新概念,与技术创新是同一概念,创新就是指技术创新,技术创新也就是创新。广义的创新是指创新主体产出比自己以前所有的东西更好的东西的活动。其中"比自己以前所有的东西好"有三重含义:一是指与自己以前所有的东西不同;二是指比原有的东西能给创新主体带来更多的物质或精神收益;三是指有利于社会的进步。也就是说,广义的创新的"新"不要求"首次"(指首次使用和首次产生),只要求其结果不同于前并且好于前。

6.1.2 创新的特征

一般来说,创新具有以下四个方面的显著特征。

1. 新颖性

创新是一种新颖的全新的创造活动,不是重复,也不是模仿。创新是想别人没想过的,做别人没做过的。创新所要解决的问题,是没有现成答案的,它所运用的解决问题的方式,是新颖的、前所未有的。

2. 突破性

创新是对传统思维、传统方法的否定,它突破了原有的思维模式和原有的解决问题的传统方式,建立在全新的基础之上,因而具有明显的突破性。

3. 高价值性

创新是一种前所未有的创造活动,它带来的是解决问题的全新方式和高效率,可以重新组合生产要素,从而改变资源产出,提高组织价值。创新是一个创造财富、产生效益的过程,不管是对个人还是对企事业单位来说,都具有较高的价值。事实上,每一次创新,都是社会需要推动的结果,都能带来较明显的社会价值。

4. 艰巨性

创新是人类的崇高追求,但同时也是一项艰苦的任务。它往往需要创新主体经过长期的探索,通过极其艰苦的脑力和体力劳动,付出极大的代价,甚至经过无数次的失败才能实现。

6.1.3 实践创新的体系

车辆工程专业实践创新体系通常分为三个层次:基础实践层、综合应用层和科技创新层,如图 6-1 所示。

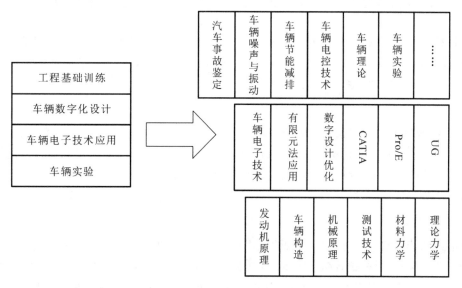

图 6-1 车辆工程专业实践创新体系

1. 基础实践层

基于传统车辆工程的基础课程,开设演示性实验和验证性实验,重点在理论教学与实践教学相结合,达到知识的运用、理解和深化的目的。以车辆认识实习、车辆构造实习和车辆设计课程实习等综合训练为主,重点提高学生的工程能力,使学生直观地认识车辆各总成的组成,并分析其作用,增强学生对所学专业知识的兴趣,启发学生的思考,使学生初步掌握汽车零部件的安装、调试和测试等方面的基本技能。

2. 综合应用层

以课程设计课题实验和毕业设计（论文）课题实验为主，通过教师拟订或学生自己设计的课题实验开展综合性、设计性的实验研究，进而完成设计任务，提高学生的综合能力和汽车设计水平，加深对专业知识的认知和理解，增强团队精神。

3. 科技创新层

当前的国际竞争往往体现在具有科技创新竞争力和高素质的人才竞争上，承担培养具有科技创新能力和高素质人才责任的高等院校，在培养大学生科技创新能力上进行改革就显得尤为重要。

对于高年级的学生和学有余力的学生，开设创新实验教学班，围绕新能源、先进材料、轻量化制造、车身造型与设计等先进的研究方向，设置相关课题。学生自由组合，以小组为单位设计实验课题，开展综合性、设计性实验研究，进而完成设计任务，从而提高综合能力。鼓励学生参加教师的科研课题研究，吸纳学生参与合作企业的科技攻关项目，接触实际应用，提高创新能力，并为学生创造机会参加校内外的各种科技大赛，促进学生实践能力的提高，为培养个性化人才创造条件。

6.2 车辆工程专业实践课程的创新方法

我们在进行创新设计时，首先要分析社会大众的需求，否则再好的创新设计都没有生命力；其次就是要考虑所研究的课题是否科学、实用；最后通过不断的实践掌握创新设计的方法，只有这样才能最终实现创新设计的目的。创新方法主要有以下几种。

1. 开拓式创新

开拓式创新是最有价值也是最有难度的一种创新，这种创新所创造的事物是历史上不曾出现过的，是全新的，并且对历史进程具有深远的影响，它往往伴随着天才人物的灵光乍现，带有一定的偶然性。比如牛顿开创的经典物理学，爱因斯坦开创的相对论，哥伦布发现新大陆，莱特兄弟发明飞机，乔布斯发明的个人电脑、iPhone，制药公司发明新药，等等。

2. 升级式创新

开拓式创新固然重要，但我们也听说过"起了个大早、赶了个晚集"这句话，我们也看到很多开拓者没有赚到钱、模仿者赚了个盆满钵满的例子。比如说福特并不是汽车的发明者，但福特却靠T型车成为了当年的美国首富，比尔·盖茨虽然不是图形化操作系统的发明者，但他的Windows却几乎统治了个人电脑。升级式创新其实非常重要，因为早期产品往往是比较粗糙的，而且往往价格较高，升级式创新起到了完善产品、降低门槛的作用，因此升级式创新者同样值得尊敬。

3. 差异化创新

大概10年前，定位理论开始风靡于营销界，颇有营销就等于定位、定位就等于营销的感觉。其实，定位理论所适合的，只是差异化创新这个领域。差异化的例子估计大家随便就可以举出来一大堆，比如说专门给老人使用的手机，专门定位于办公的Thinkpad笔记本，专门用来越野的Jeep车……差异化创新应该是最常见的一种创新模式，它是由消费者驱动的创新模式。

4. 组合式创新

要理解什么是组合式创新,想想瑞士军刀就明白了。当我们给一辆拖拉机装上一门大炮的时候,我们就得到了一辆坦克。当我们给手机装上摄像头的时候,我们就有了"扫一扫"的可能性。当我们给眼镜装上小电脑,它就成了 Google glass。当我们给牙刷装上发动机,它就成了电动牙刷。组合式创新同样是一种常见的创新模式,它依赖的不是技术进步,而是对新需求的敏锐洞察。

5. 移植式创新

所谓移植式创新,就是把在 A 领域所使用的技术或模式,移植到看似没有关联的 B 领域,从而创造出新的产品或模式。例如,吉列在剃须刀领域发明了"刀架+刀片"的模式,把重复购买率低的刀架以极低的利润出售,提高市场占有率,然后再通过出售重复购买率很高的刀片来赚钱。亚马逊的 kindle 在策略上和吉列简直如出一辙,它以极低的利润出售 kindle,基本上没有在硬件上赚到多少钱,但是 kindle 的普及带动了电子书的销售,总体来看还是赚钱的。在电子书项目上,亚马逊没有学习纸质书的商业模式,反而学习了剃须刀的商业模式,这就是移植式创新。移植式创新依赖的是对于商业模式本质的理解。

6. 精神式创新

在大部分发展到成熟阶段的行业当中,不要说开拓式创新、升级式创新的机会没有了,就连差异化创新的机会也不多,这时可能仅仅能够依赖的就是精神式创新了,即通过激发人们在情感、文化、价值观层面的共鸣来实现创新。如果消费者选择某种产品或方式是因为可以通过这种产品或方式向外界传递出自己的价值主张,比如说通过开牧马人标榜自己很"man"、通过穿无印良品来标榜自己很小资、通过去西藏旅行来标榜自己很文艺,那么这种产品或方式就是成功的精神式创新。不过精神式创新门槛较高,因为真正具有价值观输出能力的企业并不多。

7. 破坏式创新

可能很多人都听到过这样一句话:"不要和傻瓜理论,因为他会把你拉到和他一样的水平线上,然后用他丰富的经验打败你。"破坏式创新就是这样一种创新,行业的新进入者相对于行业领先者,唯一的优势就是他没有什么东西好失去,所以他就可以制订新的、带有破坏性的行业规则,然后把你拉到和他一样的水平线上面,再用他的经验打败你。当年的淘宝和易趣,易趣是跟商家收取上架费的,交易也要收佣金,而淘宝作为后来者直接打出免费牌,一下子就把商家给吸引过去了,这就是典型的破坏式创新案例。

6.3 车辆工程专业常见的课外实践创新活动

车辆工程专业的学生除了完成本专业培养计划所规定的课程与学分之外,还可以参加各种课外科技活动,与车辆工程专业相关的主要科技活动有:中国大学生方程式汽车大赛、Honda 中国节能竞技大赛、全国大学生交通科技大赛、全国大学生"飞思卡尔"杯智能汽车竞赛、全国大学生节能减排社会实践与科技竞赛等。

6.3.1 中国大学生方程式汽车大赛

1. 赛事简介

中国大学生方程式汽车大赛(Formula Student China,FSC)由中国汽车工程学会主办,是一项由高等院校汽车工程及汽车相关专业在校学生组队参加的汽车设计与制造比赛。各参赛车队按照赛事规则和赛车制造标准,在一年的时间内自行设计和制造出一辆在加速、制动和操控性等方面具有优异表现的小型单人座休闲赛车,能够成功地完成全部或部分赛事环节的比赛。为了给予参赛车队最大的设计灵活性和自由度来表达他们的创造力和想象力,对赛车的整体设计只有很少的限制。参赛车队所面临的挑战在于要制作出一辆能够顺利完成规则中所提及的所有项目的赛车。比赛本身给了参赛车队一个同来自各地不同大学的车队同场竞技的机会,以展示和证明他们的创造力和工程技术水平。

首届中国大学生方程式汽车大赛于2010年11月16日—19日在上海国际赛车场举行,共有来自全国16个省市地区的20支高校车队参赛,前三名分别是:北京理工大学、华南理工大学和西华大学。

第二届中国大学生方程式汽车大赛于2011年10月18日—21日在上海国际赛车场举行,共有33支高校车队参赛,前三名分别是:北京理工大学、德国慕尼黑工业大学和厦门理工大学。

第三届中国大学生方程式汽车大赛于2012年10月16日—19日在上海国际赛车场举行,共有41支高校车队参赛(油车39辆,电动赛车2辆),前三名分别是:湖北汽车工业学院、同济大学和广西科技大学鹿山学院。

第四届中国大学生方程式汽车大赛于2013年10月15日—19日在湖北省襄阳市FSC赛车场举行,并增加电动赛车项目。来自国内外的63所大学的60支车队参赛。其中,油车50辆,电动赛车10辆。油车组前三名分别是:厦门理工学院、哈尔滨工业大学(威海)和湖南大学。电车组前三名分别是:斯图加特大学、合肥工业大学和广西科技大学鹿山学院。

第五届中国大学生方程式汽车大赛于2014年10月14日—18日在湖北省襄阳市梦想赛场举行,来自国内外65所大学的79支车队参赛。其中,油车60辆,电动赛车19辆。油车组前三名分别是:湖南大学、北京理工大学和厦门理工学院。电车组前三名分别是:斯图加特大学、北京理工大学和广西科技大学鹿山学院。

第六届中国大学生方程式汽车大赛油车组比赛于2015年10月13日—17日在湖北省襄阳市梦想赛场举行,来自国内外的67支车队参赛,前三名分别是:湖北汽车工业学院、厦门理工学院和湖南大学。电车组比赛于2015年11月7日在上海F1奥迪国际赛车场举行,来自国内的28支车队参赛,前三名分别是:广西科技大学鹿山学院、哈尔滨工业大学(威海)和北京理工大学。

第七届中国大学生方程式汽车大赛油车组比赛于2016年10月11日—15日在湖北省襄阳市梦想赛场举行,来自国内外的71支车队参赛,前三名分别是:同济大学、湖南大学、湖北汽车工业学院。

第八届中国大学生方程式汽车大赛油车组比赛于2017年10月13日—17日,在湖北省襄阳市梦想赛场举行,来自国内外的78支车队参赛,前三名分别是:湖南大学、河南科技大学、湖北汽车工业学院。

第九届中国大学生方程式汽车大赛油车组比赛于2018年10月13日—17日在湖北省襄阳市梦想赛场举行,来自国内外的71支车队参赛,前三名分别是:吉林大学、广西科技大学、湖北汽车工业学院。电车组比赛于2018年12月1日在广东珠海国际航展举行,来自国内的48支车队参赛,前三名分别是:广西科技大学鹿山学院、辽宁工业大学和哈尔滨工业大学。

2. 赛车设计要求

为了达到赛事宗旨,假定参赛车是为一家设计公司设计、制造、测试并展示的一辆定位为业余周末休闲赛车的原型车。赛车必须在加速、制动和操控性方面具有非常优异的表现,同时又必须具有足够的耐力性,能够顺利完成规则中提及的比赛现场要进行的所有项目。

赛车必须适合第5百分位的女性和第95百分位的男性车手驾驶,同时要满足中国大学生方程式汽车大赛规则中的要求。其他附加的设计因素也需要予以考虑:美学、成本、人体工程学、可维护性、工艺性和可靠性。对于车队来说,其挑战在于开发一辆能最大限度地满足赛车的设计目标且具有市场前景的样品车。每辆赛车都将与其他的赛车进行对比和评价,以评定出最优秀的设计。

3. 比赛主要项目

参赛车辆需在8个静态项目和动态项目中进行测评,总分1000分,如表6-1所示。

表6-1 中国大学生方程式汽车大赛的项目与分值(油车组)

测试项目	测试方面	分值
静态项目	营销报告	75
	赛车设计	150
	制造成本分析	100
动态项目	直线加速测试	75
	8字绕环测试	50
	高速避障测试	150
	耐久测试	300
	燃油经济性测试	100
总分		1000

1) 静态项目

静态项目包括营销报告、赛车设计和制造成本分析三个项目,共325分。营销报告项目的目的是评估车队建立和展示综合商业项目的能力。赛车设计项目的目的在于评估车队在设计赛车时在工程层面做出的努力,以及其工程设计是否符合市场需求。制造成本分析项目的目的是让参赛者们了解成本和预算,获得制作和更新物料清单的经验,学习和了解制造和装配设计、精益生产和最小约束设计的原理。

2) 动态项目

动态项目包括直线加速测试、8字绕环测试、高速避障测试、耐久测试和燃油经济性测试五个项目,共675分。

(1) 直线加速测试。

该项测试的目的是评价赛车的平地直线(75 m)加速能力。

(2) 8字绕环测试。

该项测试的目的是衡量赛车在平地上做定半径转向时的转向能力。

(3) 高速避障测试。

该项测试的目的是评价赛车在没有其他赛车的紧凑赛道上的机动性和操纵性。高速避障测试赛道综合了加速、制动和转向等多种测试性能的特点。平均速度应在40~48 km/h。

(4) 耐久测试。

该项测试的目的是评价赛车的总体表现,并且测试赛车的耐久性和可靠生。平均的速度应当在48~57 km/h,最高车速约为105 km/h。赛道总长约22 km。

(5) 燃油经济性测试。

该项测试的目的是测量赛车的燃油量,与耐久测试相结合在同一场比赛中计算得到。

6.3.2 Honda中国节能竞技大赛

1. 比赛简介

Honda中国节能竞技大赛是由本田技研工业(中国)投资有限公司举办的一项全国性大学生节能竞技比赛活动。节能竞技大赛是搭载Honda低油耗摩托车的四冲程发动机,通过动手制作挑战节能极限的竞技赛事,通过自我创意,设计出世界上独一无二的赛车参与角逐,不仅可以感受到创造与交流的乐趣,同时还可以体会到"低油耗就是环保"。Honda中国节能竞技大赛每年举办一届。

第一届Honda中国节能竞技大赛于2007年11月11日在上海国际赛车场举行,来自全国各地30所高校的大学代表队、Honda相关企业代表队、媒体代表队,以及来自泰国和日本的特邀代表队等共77支车队参加了本届大赛。东风本田发动机有限公司车队以868.68 km/L的成绩获得冠军。

第二届Honda中国节能竞技大赛于2008年11月16日在上海举行,来自全国各地40所高校的大学代表队、本田相关企业代表队、专业媒体和普通民众代表队,以及来自泰国和日本的特邀代表队等共108支车队参加了比赛。同济大学的荣安志远车队2队以966.271 km/L的成绩获得冠军。

第三届Honda中国节能竞技大赛于2009年9月27日在上海举行,120辆赛车参赛。北京理工大学"翼升"车队以1279.565 km/L的成绩获得冠军。

第四届Honda中国节能竞技大赛于2010年9月19日在上海国际赛车场举行。来自中、日、泰三国的131支参赛队伍同台竞技,新大洲本田摩托有限公司江河车队以2147.369 km/L的成绩获得冠军。

第五届Honda中国节能竞技大赛于2011年11月12日在广东国际赛车场举行,分为五个组别:Honda关联企业组、普通组、市售组、大学院校组建的学生组、EV组。共有111辆赛车参赛。同济大学车队以1762.932 km/L的成绩获得冠军。

第六届Honda中国节能竞技大赛于2012年11月10日—11日在广东国际赛车场举行。来自全国各大高校代表车队、Honda在华联合企业代表车队及媒体代表车队共128支,分为五个组别参加了比赛。东风本田汽车有限公司的驿马车队以 1917.171 km/L 的成绩斩获燃油节能车级别的综合优胜冠军。

第七届 Honda 中国节能竞技大赛于 2013 年 10 月 27 日—28 日在广东国际赛车场举行。共有 150 支车队参赛,同济大学志远车队以 2689.621 km/L 的成绩获得燃油组冠军(大学、专科学校组别)。

第八届 Honda 中国节能竞技大赛于 2014 年 10 月 18 日—19 日在广东国际赛车场举行。共有 151 支车队参赛,同济大学志远车队以 1807.653 km/L 的成绩获得燃油组冠军(大学、专科学校组别)。

第九届 Honda 中国节能竞技大赛于 2015 年 10 月 24 日—25 日在广东国际赛车场举行。共有 149 支车队参赛,湖南大学潇湘之鹰车队以 1208.47 km/L 的成绩获得燃油组冠军(大学、专科学校组别)。

第十届 Honda 中国节能竞技大赛于 2017 年 10 月 23 日—24 日在广东国际赛车场举行,共有 150 支车队参赛,西华大学节能车队以 1105.36 km/L 的成绩获得燃油组冠军(大学、专科学校组别)。

第十一届 Honda 中国节能竞技大赛于 2018 年 10 月 21 日—22 日在广东国际赛车场举行,共有 152 支车队参赛,同济大学节能车队以 819.18 km/L 的成绩获得燃油组冠军(大学、专科学校组别)。

第十二届 Honda 中国节能竞技大赛于 2018 年 11 月 3 日—4 日在广东国际赛车场举行,共有 150 支车队参赛,北京理工大学节能车队以 734.53 km/L 的成绩获得燃油组冠军(大学、专科学校组别)。

2. 比赛级别设置

Honda 中国节能竞技大赛设置了三个级别,即市售车级别、燃油节能车级别和 EV 车级别,如表 6-2 所示。

表 6-2 Honda 节能竞技大赛级别设置

比赛级别		参赛者	竞技车辆
市售车级别		入门级别选手	采用搭载 Honda 四冲程 100～110 mL、125 mL、150 mL 发动机的市场销售摩托车,允许前/后挡泥板载物架、挡风板、车速里程表软轴可拆装
燃油节能车级别	学生组别	大学生、高职高专学生、初高等院校在校生,车队领队可由教师兼任,车队其他成员必须是在籍学生	以 Honda 四冲程 125 mL 化油器发动机为基础,可以自由改造三轮以上,符合安全方面的规定
	本田关联企业组别	本田在华关联企业	
	普通组别	普通参赛者,可以和家人、朋友、同事一起参加	
EV 车级别(公开组别)		任何个人或者组织,以及各大专院校、本田在华企业均可报名参加	使用大赛指定电池并且将该电池作为车辆行驶的唯一动力源的原创车辆

6.3.3 全国大学生交通科技大赛

1. 比赛简介

全国大学生交通科技大赛(NACTranS)由教育部高等学校交通运输与工程学科教学指导委员会主办。其目的是培养大学生的科技创新精神和实践能力,提高大学生科学素养,促进高校大学生学术活动开展,加强高校间大学生文化交流,提高本科教学质量。

全国大学生交通科技大赛是国内第一个由诸多在交通运输工程领域拥有优势地位的高校通力合作促成的大学生学科竞赛,是一个以大学生为主体参与者的全国性、学术型的交通科技创新竞赛。

全国大学生交通科技大赛每年9月开始,次年5月结束。首届于2005年在同济大学举行,第二届在同济大学举行,第三届在西南交通大学举行,第四届在北京交通大学举行,第五届在武汉理工大学举行,第六届在长安大学举行,第七届在东南大学举行,第八届于2013年在北京工业大学举行,第九届于2014年在哈尔滨工业大学举行,第十届于2015年在华南理工大学举行,第十一届于2016年在中南大学举行,第十二届于2017年在同济大学举行,第十三届于2018年在长沙理工大学举行。

2. 比赛方案

1) 参赛对象

高校交通运输类及相关专业的在读本科生,包括交通运输、交通工程、载运工具运用工程、交通信息工程与控制、物流工程等专业,同时涵盖了土木工程(道路与铁建方向)、管理学(交通运输相关方向)等多个学科领域。

2) 参赛作品范围

作品可以是相关学科的规划设计类作品或论文类作品。每届大赛组委会可根据需要,提出参赛作品专题,供参赛学生选取。

3) 参赛方式

向各校大赛工作小组报名参赛,报名以小组为单位,小组成员限定为2~5人。为提高团队合作意识和便于管理,大赛不接受个人报名。经本校专家评审小组对规定时间内提交的书面作品(论文)进行评审和排序,推荐前三名作品进入决赛。主办学校名额可适当放宽,但进入决赛的名额不得超过其他参赛学校的名额一个以上。

4) 大赛流程

大赛流程主要由六个阶段组成,具体见表6-3。

表6-3 全国大学生交通科技大赛的流程

阶段	赛程内容	时间	地点
1	报名(各校自行组织)	当年11月10日~30日	各参赛高校
2	完成作品并提交(各校自行组织)	次年4月1日之前	各参赛高校
3	各校组织初审并向大赛承办秘书处推荐作品;拟承办下届大赛的,向大赛网站秘书处提出书面申请报告	次年4月30日之前	各参赛高校

续表

阶段	赛程内容	时间	地点
4	作品通信评审,确定决赛入围作品和三等奖及以下奖项获奖作品	次年 5 月 10 日之前	承办学校
5	决赛答辩,确定一、二等奖及部分三等奖获奖作品	次年 5 月 25 日之前	承办学校
6	颁奖,同时确定下一届承办单位	次年 5 月 10 日～30 日	承办学校

5) 大赛作品评审程序

大赛作品的评审程序主要分为通信评审和决赛评审。

(1) 通信评审。

通信评审由大赛承办秘书处根据当年参赛作品情况,从专家库中选取通信评审专家进行评审,每件作品至少由三名专家评审。

(2) 决赛评审。

决赛评审采取公开答辩方式进行,答辩评委原则上为从专家库中选取的评审专家,原则上要保留上届大赛决赛答辩评委的一半,承办单位最多可有 2 位决赛答辩专家。

6) 奖项设置

大赛只设奖项,不设奖金。决赛作品为进入通信评审作品的 70%。特等奖:1 名(可空缺)。按决赛作品数量设置奖项数量:一等奖,10%左右;二等奖,35%～40%;三等奖,50%。

6.3.4 全国大学生"飞思卡尔"杯智能汽车竞赛

1. 比赛简介

全国大学生"飞思卡尔"杯智能汽车竞赛是从 2006 开始,由教育部高等教育司委托高等学校自动化类教学指导委员会举办的旨在加强学生实践创新能力和培养团队精神的一项创意性科技竞赛,至今已经成功举办了十三届。在继承和总结前十三届比赛实践的基础上,竞赛组委会努力拓展新的竞赛内涵,设计新的竞赛内容,创造新的比赛模式,使得围绕该比赛所产生的竞赛生态环境得到进一步发展。

为了实现竞赛"立足培养、重在参与、鼓励探索、追求卓越"的指导思想,竞赛内容设置需要能够面向大学本科阶段的学生和教学内容,同时又能够兼顾当今时代科技发展的新趋势。比赛形式包括竞速比赛与创意比赛两大类。竞速比赛中包含不同的组别,难度适合本科不同阶段学生参赛。在竞速比赛的基础上,适当增加挑战性,形成创意比赛,适合部分有条件、能力强的本科生和研究生参加。

参赛选手须使用竞赛秘书处统一指定的竞赛车模套件,采用恩智浦公司的 8 位、16 位、32 位微控制器作为核心控制单元,自主构思控制方案进行系统设计,包括传感器信号采集处理、电动机驱动、转向舵机控制以及控制算法软件开发等,完成智能汽车工程制作及调试,于指定日期和地点参加各分(省)赛区的场地比赛,在获得决赛资格后,参加全国总决赛。参赛队伍的名次(成绩)由赛车现场成功完成赛道比赛的时间来决定,参加全国总决赛的队伍同时必须提交车模技术报告。

2. 比赛器材

1) 微控制器

(1) 采用恩智浦公司的 8 位、16 位、32 位系列微控制器作为车模中唯一可编程控制器件。

(2) 使用微控制器的数量没有限制。

(3) 如果所选用的传感器或者其他电子部件中也包含微处理器,对此微处理器的种类和数量不作限制,但其不得参与赛道信息识别和处理,不得参与车模运动决策与控制。

(4) MK60DN 控制核心介绍。

以第十二届摄像头四轮组为例,采用飞思卡尔公司的 MK60DN 单片机作为核心控制单元,该款单片机是基于 Cortex-M4 内核的 32 位单片机。它负责接收摄像头采集的赛道的数据、赛车速度等信息,并对这些数据进行分析和处理,通过控制策略实现控制电动机和舵机。MK60DN 单片机是 Kinetisk 系列的子系列,拥有 512K 的快速存储空间(Flash ROM),采用 32 位 ARM Cortex-M4 内核,引脚总数为 124 个,拥有 8 通道 12 位精度的模拟数字转换器(ADC),4 通道 32 位周期中断定时器为 RTOS 任务调度程序提供基时,包含 SIP、IIC、CAN、IIS、UART、USB 等丰富外围模块,可进行单精度浮点运算,具有丰富的通信、模拟、定时和控制外设,如图 6-2 所示。

图 6-2 MK60DN 单片机最小系统

2) 传感器

(1) 传感器的种类需要根据不同竞赛组别所允许使用的传感器类型选用。

(2) 传感器的种类和数量由参赛队伍自行确定,不作限制。

(3) 传感器型号限制如下:

如果单独选用加速度传感器,则必须选择恩智浦公司的系列加速度传感器产品;

如果选用陀螺仪传感器,对型号没有限制;

如果选用加速度、陀螺仪一体化的传感器,对型号没有限制。

3) 伺服电动机及显示屏

(1) 驱动电动机。

智能汽车用两个大功率碳刷直流电动机作为驱动电动机,在设计电动机驱动电路前,必须根据电动机工作电流、电压等参数进行分析。RN-260 电动机为常用的一款电动机,其特性参数如表 6-4 所示。电动机最大输出功率为 20 W,电压范围为 5.4～9 V,为了精确控制电动机转速,发挥电动机最大效率,需要设计大功率 H 桥驱动电路。

表 6-4 RN-260 电动机特性参数

电压范围	额定电压	空载转速	空载电流	堵转电流	最大功率
5.4~9 V	DC 7.2 V	(15000±1500)r/min	0.55 A	21.6 A	20 W

(2) 舵机。

舵机由直流电动机、减速齿轮组、电动机控制器、反馈电位器等组成,封装于一个便于安装的外壳内,能够利用简单的输入信号精确转动给定角度,实现智能汽车转向。常用型号为 Futba S3010,具体参数如表 6-5 所示。

表 6-5 舵机 Futba S3010 参数

电压范围	质量	尺寸	动作角度	
			CW	CCW
4.0-6.0 V	41 g	0 mm×20.0 mm×38.1 mm	60°±10°	60°±10°
输出扭矩	动作速度	马达	动作方向	
6.0 V	6.0 V	—	CW	CCW
(6.5±1.3) kg·cm	(0.16±0.02) s/60°	Tricore GM1510	Pulse 窄 (1520→920 μs)	Pulse 宽 (1520→2120 μs)

(3) OLED 显示器。

由于智能汽车使用的传感器不含有状态显示装置,因此为了便于调试软件参数,显示算法处理后的摄像头视野,智能汽车需要增加状态显示装置。常用 0.96 寸(约 32 mm)OLED 显示屏模块,其具体参数如表 6-6 所示。

表 6-6 OLED 显示屏参数

工作电压	分辨率	尺寸	接口
3~5 V	128×64	29.5 mm×29.5 mm	3 线 SPI 接口

从上表可看出此模块具有体积小、工作电压低、重量轻、分辨率适中、占用单片机接口少的特点,可以在满足智能汽车软件参数显示的情况下,占用较少的计算资源。

3. 比赛内容

1) 赛道环境搭建

不同的比赛项目,比赛赛道不同。以第十二届摄像头四轮组赛道为例,根据智能汽车竞赛赛道元素、实际测试需求搭建赛道。赛道场地安排在室内,光线均匀照射,不能有阳光、强烈的白炽灯直接照射;要求地面平整,应为平滑的水泥、水磨石、大理石地面等;采用蓝色广告布铺设赛道背景颜色,四周采用长方体泡沫塑料块铺设围栏,围栏高度大于 30 cm,颜色为深蓝色。赛道由直线道路、小波浪、圆角弯道、S 弯道、十字交叉路口、赛道障碍、圆环、坡道等元素组成一个封闭曲线,曲线的曲率半径不小于 50 cm,两条相邻赛道中心线间距不小于 60 cm。赛道两侧铺设宽度为(25±5)mm 的黑色边界线用于引导,赛道边界粘贴两层高密度黑色海绵条作为路肩,路肩尺寸为宽度 2.5 cm,两层高度 1 cm,赛道两侧距离 25 cm。赛道材质为 PVC 耐磨塑胶地板。赛道基本尺寸如图 6-3 所示。

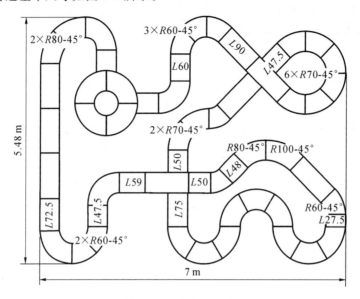

图 6-3 赛道基本尺寸

赛道元素信息如表 6-7 所示。直线道路是赛道基本形式,用于测试智能汽车加速行驶性能。小波浪主要考验行驶路径的优化程度。若优化程度低或者无优化,则智能汽车行驶时左右摆动甚至冲出赛道;若优化程度高,则智能汽车行驶轨迹呈直线,行驶距离减小,行驶速度提高。起跑/停车线考验图像处理中对赛道特征的提取。圆角弯道和 S 弯道考验智能汽车机械结构优化、速度控制、转向控制。十字交叉路口要求直行,路口后为连环弯道,考验图像处理技术、智能汽车舵机响应速度。圆环要求智能汽车能够快速准确地识别出该元素,并且限制了智能汽车的速度,速度太快会导致道路视野丢失而无法完成转向冲进圆环。障碍物主要考验智能汽车对静态物体的识别,采用黑色楔形体,可加装超声波、红外、激光距离传感器进行识别,由于颜色为黑色,也可仅采用摄像头对障碍物特征进行提取,而后进行特殊处理。坡道考验智能汽车的力学性能,若智能汽车重心向两侧偏移,则爬坡时会侧向飞出赛道。坡道的识别可采用超声波、红外、激光距离传感器或者陀螺仪类方向感知传感器,也可采用图像处理对坡道元素边线进行提取。

表 6-7 赛道元素信息

赛道元素	详细说明	难度等级 (1 表示最简单,5 表示最难)
直线道路	赛道基本形式	1
小波浪	部分直线赛道采取小波浪形式,$R=50$ cm,60°缓曲线组合	2
起跑/停车线	宽度为 10 cm 的黑色斑马线	2
圆角弯道	$R=50$ cm	3

续表

赛道元素	详细说明	难度等级（1表示最简单，5表示最难）
S弯道	$R \geqslant 50$ cm	4
十字交叉路口	智能汽车直行通过十字路口	3
赛道障碍	黑色对称楔形体，长、宽、高分别为 30 cm、10 cm、5 cm，障碍置于距离赛道中心线 5 cm 处	3
圆环	$50 \text{ cm} \leqslant R \leqslant 150 \text{ cm}$ $90° \leqslant \theta \leqslant 180°$（$\theta$ 为出入环形直线赛道的夹角）	4
坡道	坡度小于 20°，坡道过渡弧长大于 10 cm，坡道总长度约为 1.5 m	5

2）系统总体设计思路

以第十二届摄像头四轮组为例，智能汽车竞赛规定的 C1 型车模，与实车比例为 1:10，车模采用前轮为转向轮、后轮为驱动轮的运行模式，车模外形如图 6-4 所示。车模整体尺寸（包括传感器）为 280 mm×180 mm×220 mm。

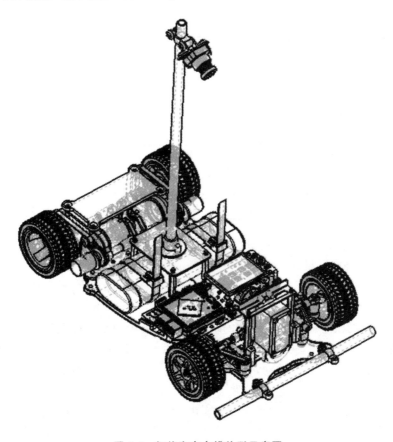

图 6-4 智能汽车车模外形示意图

智能汽车电控模块按照功能可以分为电源、核心控制单元、图像采集模块、速度检测模块、行进模块、转向模块、电源管理模块和参数调试模块。图 6-5 所示为电控系统结构示意图,电源采用 7.2 V 镍铬电池进行供电。采用 32 位单片机 MK60DN 的核心板作为核心控制单元,核心控制单元负责对传感器传输的数据进行存储、计算,以及输出电信号控制执行器。图像采集模块通过摄像头采集道路信息,图像信息硬件二值化后以数组形式传输至单片机。速度检测模块采用 512 线编码器,编码器齿轮与后轮主轴齿轮配合,采集电动机转速,将电动机转速以脉冲信号反馈至单片机。行进模块的执行器为后轮处的两个电动机,通过齿轮传动,将力矩输出至行进轮,电动机采用直流电动机,电流大,因此转速调节需要将电动机驱动电路作为单片机与电动机的桥梁来传输信号。单片机对摄像头反馈的图像信息进行分析处理后,得出舵机相应转角对应的脉冲宽度(PWM),将此脉冲宽度通过舵机信号线传输至舵机,实现实时调整智能汽车姿态。电源管理模块由稳压芯片及其外围电路组成,负责将电池电压调整至各个用电器额定电压,集成在主控电路板上。参数调试模块由按键、OLED 显示器、蓝牙模块组成,OLED 显示器用于显示软件参数信息和经过处理后的图像,按键用于修正软件参数、选择程序等,蓝牙模块用于结合上位机进行参数调试。

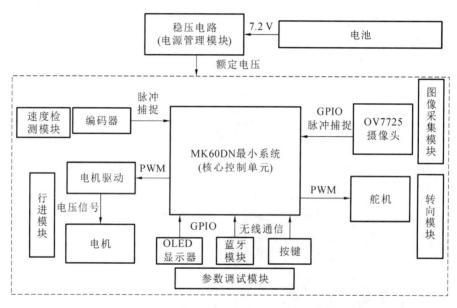

图 6-5 电控系统结构示意图

3) 智能汽车硬件电路设计

以第十二届摄像头四轮组为例介绍智能汽车硬件电路设计。

(1) 电源稳压电路。

供电系统是智能汽车模型电路硬件的基础。电源采用的是标称电压为 7.2 V、额定容量为 2 A·h 的镍铬电池。由图 6-6 所示的智能汽车供电方案可看出,主控芯片、摄像头的供电电压为 3.3 V,电压不能有较大波动,否则会导致单片机重启;编码器的供电电压为 3.3 V;舵机的供电电压为 6 V。为了方便显示调节智能汽车参数,智能汽车模型电路硬件附加了 OLED 液晶屏、蓝牙模块,其供电电源为 5 V。因此需要设计出一套完善的电源系统,将镍铬电池的 7.2 V 电压通过各种稳压芯片和外围电路调节到各电子元器件的所需电压,从而稳定给各电子元器件供电。

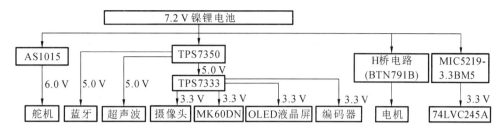

图 6-6 智能车供电方案

(2) 5 V 器件供电电路。

能够实现 5 V 供电的稳压芯片有 LM7805、LM2576、LM2940、LM1084、TPS7350 等。由于 TPS7350 芯片是微功耗低压差线性电源芯片,具有完善的保护电路,包括过流、过压、电压反接保护等,具有外围元件少、稳压高效的特点,因此 5 V 供电采用的是 TPS7350 稳压芯片。在芯片接地引脚中加高频滤波电容,短路高频分量,保护器件免受高频干扰。5 V 稳压电路如图 6-7 所示。

(3) 3.3 V 器件供电电路。

能够实现 3.3 V 供电的稳压芯片有 LM1117T、AMS1117、LM2596、RT9193、TPS7333 等。经过实践发现,TPS7333 与本电路匹配性更好,又因其具有稳定性高、功耗小、电路简单的特点,故 3.3 V 供电选择 TPS7333 稳压芯片。为防止直接以 7.2 V 电压供电导致发热严重,中间采用 5 V 线性电源稳压芯片 TPS7350 将电压降至 5 V,再将其接至稳压芯片 TPS7333 从而将电压降至 3.3 V。3.3 V 稳压电路如图 6-8 所示。

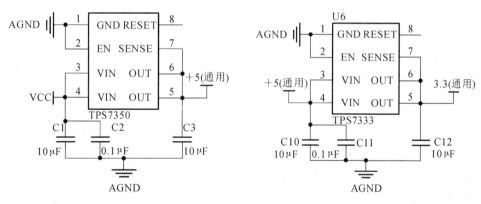

图 6-7　5 V 稳压电路　　　　图 6-8　3.3 V 稳压电路

(4) 舵机供电电路。

舵机适用电压范围为 4.0~6.0 V。经过实验发现,若用 7.2 V 电压直接给舵机供电,电动机驱动时,电源产生电流冲击,从而导致电源电压产生波动,最终使舵机输出转角不跟随程序命令,频繁出现左右摇摆的状况,甚至致使舵机烧坏的概率大幅度提升。智能汽车调试过程中发现,S3010 舵机输入电压影响舵机打舵灵敏度,在一定范围内,电压越高,打舵响应更迅速灵敏。针对该情况,采用开关型稳压芯片 AS1015,并附加电位器元件,可使电压在 6 V 左右进行微调。

舵机供电电路如图 6-9 所示,R6 选择标准阻值 20 Ω,可调电阻最大值为 1 kΩ,输出电压范围为 0.8~40.8 V,调节变阻器即可输出 5 V 电压。同时,采用二极管稳压电路对供电电路进行稳压。

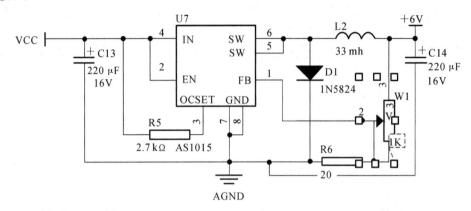

图 6-9 舵机供电电路

(5) 按键调试接口电路。

为了方便智能汽车参数调试,采用按键与 4 位拨码开关。由于按键是机械弹性开关,在按下或者放开的一瞬间不会立刻接通或断开,在前沿和后沿电压会产生抖动导致一次按键会被误读成多次,因此为了确保控制单元对一次按键只读取一次,需要进行消抖处理。抖动消除方法有两种:硬件消抖,即利用电容对高频信号短路的原理;软件消抖,检测到按键闭合后执行一个 5~10 ms 的延时程序,前沿抖动消失后再一次检测按键状态,仍保持闭合位置电压,则确认按键按下,后沿同理。由于硬件消抖电路复杂,占用电路板更多空间,因此常采用软件消抖方法。

图 6-10 所示为按键调试接口电路,按键 S1、S2、S3、S4 为贴片按键,通过 OLED 液晶显示屏用于上下移动光标,增减智能汽车参数数值;S5 为 4 位拨码开关,用于保存调试完毕后各个版本的程序,以及选择在圆环处左拐或者右拐。将按键一脚接地,另一脚与单片机引脚连接,通过按键闭合/断开的状态,反馈至单片机高低电压。

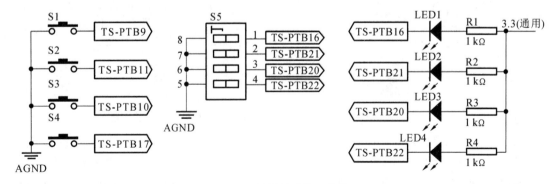

图 6-10 按键调试接口电路

(6) 电压检测电路。

为方便即时对智能汽车进行调试维修,增加电压检测模块,将各个稳压芯片的输出电压引脚引出一端至电路板侧边,并焊接插针,无须反复拔插用电器,即可测量各个模块的供电电压,方便快捷,可增加电路板以及用电器使用寿命。电压检测模块如图 6-11 所示。

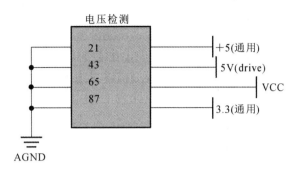

图 6-11 电压检测模块

（7）电动机驱动电路。

电动机驱动作为单片机控制电动机的桥梁，其稳定性尤为重要。电动机驱动电路为 H 桥电路，如图 6-12 所示，采用 7.2 V 镍铬电池直接供电。智能汽车电动机型号为 RN-260 直流电动机，电机动速度控制采用 PWM 脉宽调制的方法。隔离芯片采用 74LVC245，需要 3.3 V 供电，因此采用 MIV5219 稳压芯片进行降压供电。H 桥电路采用 BTN7971B，匹配性良好，可减小内阻从而提高驱动能力。在汽车设计时，充分考虑到了散热、稳压、过流保护等情况并采取一定措施。采用 4 片 BTN7971B 组成一个完整的 H 桥电路，驱动汽车的两个电动机。

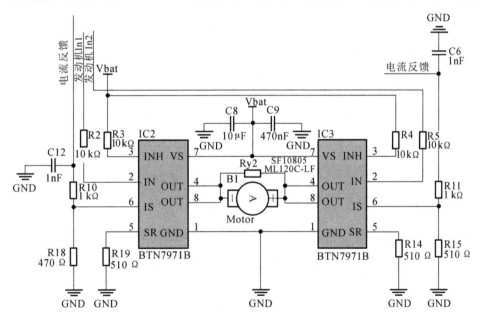

图 6-12 电动机驱动电路（H 桥电路）

如果单片机的 PWM 引脚与 BTN7971B 的 IN 引脚直接连接，当电动机高速运转时，产生大电流波动太大，电流回流，会导致单片机烧毁，因此设计电路时在单片机引脚与 BTN7971B 之间加入缓冲器来防止大电流回流到单片机，并采用 MIC5219 芯片输出 3.3 V 电压给缓冲器供电。MIC5219 是一款高效率的线性电压调节器，特点为峰值输出电压高，输出电压精度高于 1%，轻载时回流电压为 10 mV，满载时小于 500 mV。缓冲器电路如图 6-13 所示，使用的是 74LVC245 八路缓冲器。

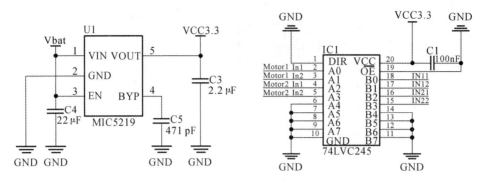

图 6-13 缓冲器电路

4) 智能汽车软件设计

以第十二届摄像头四轮组为例介绍智能汽车软件设计。

软件设计使用 IAR Embedded Workbench 编译器。IAR Embedded Workbench 是瑞典 IAR Systems 公司为微处理器开发的一个集成开发环境,支持 ARM、AVR、MSP430 等芯片内核平台,具有丰富的 C/C++ 运行库。软件设计采用多个子程序将软件功能模块化,保证程序的高效运行,主要包括:各模块初始化、摄像头提取环境颜色信息、图像处理、偏移量计算、舵机 PD 控制、速度分析、电动机增量式 PID 控制、人机交互 OLED 显示与按键模块。

智能汽车主程序工作流程如图 6-14 所示。程序初始化后检测拨码盘位置并自动选择保存的软件参数,出现开机画面,选择是否进入参数修改模式,进入后可进行软件参数的修改,否则进入智能汽车行驶算法并循环执行如下程序:开始采集图像,对图像进行处理后计算出偏移量,通过 PD 算法控制舵机转向,以 5 ms 为一个周期进入中断子程序;采集编码器返回值,通过增量式 PID 算法实现闭环控制电动机转速,中断结束后返回中断执行前的程序;根据图像信息对障碍物进行识别并调整舵机转角实现躲避和识别停车标志并停车;结束程序运行。图像模式即在 OLED 上显示采集到的图像信息,打开拨盘开关即可进入此模式。由于调试时需要观察采集的赛道信息实时变化情况,因此此程序放在行驶算法循环中。在智能汽车实际行驶过程中,由于此算法占用单片机大量运算资源,因此不进入此模式。

(1) 图像采集。

OV7725 摄像头采集赛道图像,直接将硬件二值化后的黑白图像信息以 DMA 制式传输至单片机,单片机将赛道信息以数组形式存储至寄存器,程序通过二维数组来储存图像的灰度值。

(2) 图像处理。

摄像头与地面垂直距离为 20 cm,与竖直方向呈 25°~30° 夹角,设定图像中界为 Middle=CAMERA_W/2−1=39,中间蓝色直线为视野中线,左边界 Left_boundary=79,右边界 Right_boundary=0,每幅图像采集 80×50 个像素点。图 6-15 所示为摄像头采集平面图,中间靠右侧曲线为计算出的赛道中线。

图像处理部分的目标是计算出车模中心线与赛道中心线的偏移量。因此通过检测黑白跳变确定左右边线,即可计算出车模中线在视野中的位置,为此设计出以下扫描方式:先由近向远扫描,若最近行中间为黑,则根据左右边界是否为白由两边往中间扫描,寻找左右边线;若最近行中间为白,则由中间向两边扫描,寻找跳变。确定出左右边线后,计算赛道中线像素点

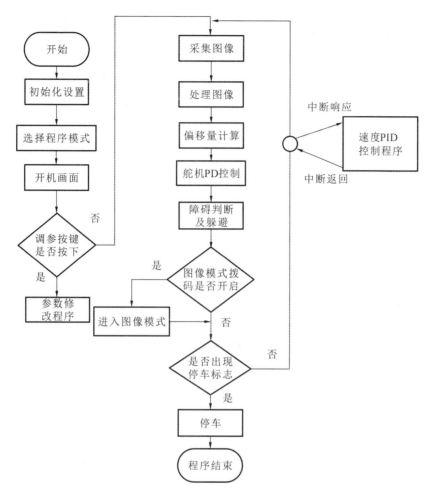

图 6-14 主程序工作流程

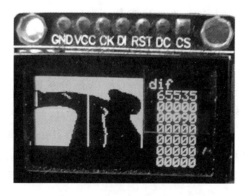

图 6-15 摄像头采集平面图

Middleline[line]=(Right_line[line]+Left_line[line])/2。计算出一行数组后,采用继承性扫描方式,从此左边线、右边线、赛道中线扫描,从而迅速计算出下一个赛道中线的像素点,提高处理效率。图像中间坐标减去计算出的中线坐标即为偏移量。

(3) 速度 PID 控制。

在工程控制中,应用最广泛的调节器控制方法为比例、积分、微分控制,即 PID 控制。PID

控制器问世至今已有近70年历史,它以结构简单、稳定性好、工作可靠、调整方便的优点成为工业控制的主要技术之一。当被控对象的结构和参数不能完全掌握或不能得到精确的数学模型时,控制理论的其他技术难以应用时,系统控制器的结构和参数必须依靠经验和现场调试来确定,这时应用 PID 控制技术最为方便。在智能汽车电动机控制过程中,由于外界摩擦、空气阻力、弯道向心力等因素的影响,智能汽车实际速度与期望速度会出现偏差。在直道时阻力较小,智能汽车会一直加速,容易在弯道处冲出赛道;在弯道时由于向心力较大,智能汽车容易打滑或者速度降低过多。为了减小甚至消除外界条件造成的偏差影响,需要对电动机进行闭环控制,达到实时调节速度的目的。由于电动机控制所需的不是调节器输出的绝对值,而是调节器输出的增量值,这时需给电动机控制一个增量信号,所以设计中采用增量型 PID 算法闭环控制电动机速度。

(4) PID 控制理论。

PID 控制函数为

$$\mu = K_p \left[e(t) + \frac{1}{TI} \int_0^t e(t) dt + TD \frac{de(t)}{dt} \right]$$

速度偏差量计算公式为

$$\text{Error} = \text{SetPoint} - \text{NextPoint}$$

采用数字化差分方程替换原来连续量的微分方程,积分项以求和方式表示:

$$\int_0^n e(t) dt = \sum_{i=1}^n e(i) \Delta t = T \sum_{i=1}^n e(i)$$

微分量以增量表示为

$$\frac{de(t)}{dt} = \frac{e(n) - e(n-1)}{T}$$

PID 调节器后一次输出值与前一次输出值之差即为增量信号,智能汽车速度采样周期设定为 5 ms,即 $T=5$ ms。

$$\Delta \mu = \mu(n) - \mu(n-1)$$

将以上5个式子结合得到智能汽车速度参数函数

$$\text{iIncpid} = K_p(\text{Error}(n) - \text{Error}(n-1)) + K_i(\text{Error}(n))$$
$$+ K_d(\text{Error} + \text{Error}(n-2) - 2\text{Error}(n-1))$$

式中:K_p 为比例系数;K_i 为积分系数,$K_i = \frac{K_p T}{T_i}$;K_d 为微分系数,$K_d = \frac{K_p TD}{T}$;Error(n) 为本次设定值与实际检测值偏差;Error(n-1) 为上次偏差;Error(n-2) 为上上次偏差。其中输入量为转速偏差变化量、转速本次偏差、偏差变化率,输出的值 iIncpid 即为增量。PID 中 P 增大调快响应速度,D 调大增加预判,I 消除稳态误差。P 太大会导致超调效应,D 太大会产生震荡,I 值有积累效应,局部使用。为提高算法运行效率,增加 Bang-Bang 算法与 PID 搭配使用。

(5) PID 参数整定。

完成 PID 控制需要对 K_p、TI、TD 三个参数进行整定。PID 参数整定的方法有两种:一是理论计算整定法,它需要建立整个系统的数学模型,经过理论计算来确定 PID 控制器的参数。由于智能汽车整个系统是机电高耦合的分布参数系统,并且要考虑赛道具体环境,要建立精确的智能汽车运动控制数学模型有一定难度,而且调试过程中车身机械结构需要进行不断修正,车模参数变化较频繁,因此此种方法不可取。二是工程整定法,它主要依赖工程经验,可以在控制系统的试验中进行参数试凑,方法相对简单,比较适合用于智能汽车的 PID 参数整定。

(6) 舵机 PD 控制。

智能汽车舵机采用位置式 PID 算法,直接输出 PWM 对舵机转角进行控制。在智能汽车行驶过程中,因为不需要考虑小车之前走过的路线,所以可以舍弃 I 控制,将小车舵机的 PID 控制简化成 PD 控制。对舵机进行 PD 控制需要选定偏差量,而获得偏差前需先标定赛道边沿,方法是将车放在直道中心,标定出标准的左右边线的位置。其中比例调节部分,采用三次曲线方程,调节参数为 DK1、DK2、DKD,调节精度逐级提高,之后通过智能汽车行驶过程中采集到的左线和左标准边线作差,或者采集到的右边线和右标准线作差,得出前方一定距离处的偏差量,用作 PD 算法的偏差量。选用多远距离范围的数据用作偏差量也很重要:在直道上由于速度较快,要选取较远处的偏差,防止来不及转向;在弯道内,由于视野有限,应该尽量使用能采集到的最远处的数据,这样能在连续弯的切换上较为流畅,在回环弯道上较为稳定。

(7) 整车调试。

智能汽车完成机械部分组装及调整、系统的软硬件设计后,向单片机写入程序,即可在赛道上进行整车调试。整车调试分为执行器测试、赛道调试、软件参数修正,经过这些步骤才能保证智能汽车性能稳定。

① 执行器测试。

执行器有直流电动机和舵机。直流电动机测试较为简单,只需要给定不同的占空比,控制电动机驱动模块输出电压,从而调整电动机转速。电动机测试时,处于空载运行状态,还应注意电动机驱动模块、MK60DN 单片机控制模块是否出现发热现象,防止电流倒灌烧毁单片机或者驱动芯片。舵机测试的主要目的是确定左右摆动极限、标定舵机的中间位置。首先调节主控板变阻器,将舵机供电电压调整为 6 V,舵机摆动左右极限位置设置应偏小,Futbas 3010 舵机减速齿轮为金属齿轮,摆角超出极限位置会导致线圈发热、电路故障从而烧毁舵机,标定后舵机左右限制参数 SERVO_LIMIT 为 120;其次将车模置于赛道直线中间,进入参数调整界面,调整参数 MID,当车模姿态完全与赛道平行,此时舵机处于中间位置,记录并保存此时的 MID 数值。

② 赛道调试。

图 6-16(a)所示为智能汽车进入小波浪元素,图 6-16(b)所示为智能汽车在小波浪段行进,图 6-16(c)所示为智能汽车即将驶离小波浪段。智能汽车在小波浪段行进时三处连成的轨迹构成一条直线,没有出现大幅度左右摆动现象,此元素路径优化良好。

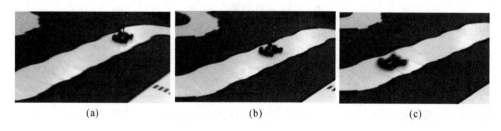

图 6-16 小波浪行驶过程

智能汽车在进入 S 弯时,视野如图 6-17 所示。在弯道区域时,基本上为单边视野,图(a)(b)(d)(e)所示为前方弯道位于智能汽车右侧,此时右侧赛道视野丢失,即右丢道;图(c)所示为智能汽车即将进入左侧弯道,此时左侧赛道视野丢失,即左丢道。在图(d)所示位置时,往右边拐角,贴合弯道内侧,行驶距离短,路径规划实测良好。

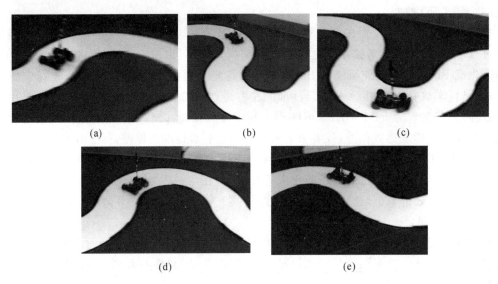

图 6-17　S 弯行驶过程

在圆角弯道区域,智能汽车由直道入弯道,行驶过程如图 6-18 所示。图(a)所示为智能汽车即将进入弯道,车身还处于直道,左右边界都未丢失,此时图像处理方式仍为双边界处理模式;从图(b)可看出,入弯角度较小,此时视野中已经出现弯道,入弯时贴合弯道;在图(b)所示位置,智能汽车入右侧弯道,左侧赛道视野丢失,进入单边界处理模式;在图(c)所示位置,为了保持智能汽车始终以较高速度行驶,最小速度设定较高,在弯道后半段速度未降低太多,因此贴合弯道外侧行进,此时舵机迅速向左侧转至最大角度,通过舵机拉杆使前轮转至右侧最大角度,调整智能汽车姿态;在图(d)所示位置,智能汽车即将出弯,姿态已经恢复直道姿态,舵机归中,出弯迅速,无抖动。

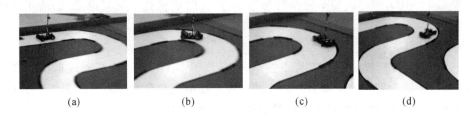

图 6-18　圆角弯道行驶过程

如图 6-19 所示,智能汽车进入圆环元素。在图(a)所示位置,图像处理采用双边界处理,内侧圆环距离较近的部分出现在视野中,图像特征为两侧边线向外扩散,中间为深色像素点(反馈值为0),以这两项特征对圆环进行识别,通过拨盘开关选择进入左转或者右转标志位;图(b)、图(c)、图(d)所示为正常弯道视野,智能汽车行进时不断调整姿态,行驶至图(e)所示圆环出口,此时视野中右边界丢失,程序进入单边检测,智能汽车驶出圆环。

智能汽车在十字路口的行驶过程如图 6-20 所示。图(a)所示为智能汽车进入十字路口,十字路口特征为视野中无边线,即左侧寻找不到边界且右侧寻找不到边界,以这项特征对十字路口进行识别,沿用前一个边界信息,对缺失边界点进行填补,直到寻找到边界信息;图(b)、图(c)所示为智能汽车驶出十字路口,进入环形赛道,视野为正常弯道;图(d)所示为智能汽车

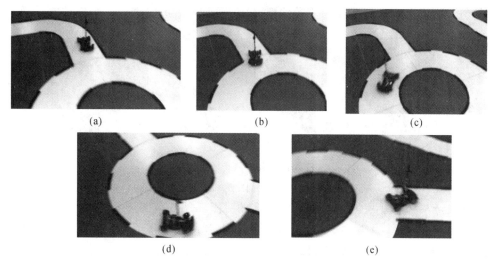

图 6-19 圆环行驶过程

即将驶出弯道,驶入十字路口(与前一个十字垂直的方向),此处舵机迅速归中,摆正智能汽车姿态,否则若智能汽车姿态向十字左侧倾斜,即左入十字路口,会导致视野位于十字角落,此特征与圆环特征相似,从而程序误判使车模转向,十字路口通过失败;图(e)所示为智能汽车正确通过十字路口,进入下一个十字路口。

图 6-20 十字路口行驶过程

图 6-21 所示为停车线行驶过程。从图中可看出,停车标志特征为具有多个黑白跳变,即边线特征。根据此特征,当采集图像某一行出现 4 次以上边线特征时,执行停车程序。

智能汽车规避障碍物行驶过程如图 6-22 所示。在图(a)所示位置,智能汽车视野中出现障碍物,障碍物与赛道边沿有一定距离,障碍物在赛道视野中的特征为左侧或者右侧出现多个黑点,且左右边线特征会由于黑色障碍与白色赛道交界而在无障碍物的基础上多出一对,因此如果简单地以黑色障碍物出现导致路面变窄,以弯道的丢失某一侧边界,再拟合中心线处理,

图 6-21 停车线行驶过程

有极大概率无法识别障碍物而导致避障失败。因此,以两对左右边线特征作为障碍物出现特征,再进行视野左右两边黑点数量计算,黑点多的一侧,即出现障碍物,此时直接给舵机一个角度,进行转向调整,如图(b)所示;避开障碍物后,检测到前方为直道,回到双边检测程序,方向回调,如图(c)所示。此方案无须在直道减速,并且识别准确性高。

图 6-22 规避障碍物行驶过程

③ 软件参数修正。

赛道各元素通过性验证完毕后,最后一步是进行整圈提速调试,进行软件参数修正,优化智能汽车行驶路径,从而逐步提高智能汽车行驶速度与稳定性。MAX、MIN 即智能汽车最大速度、最小速度;MID 为智能汽车舵机中值;JSB 为智能汽车减速比,JSB 越大,减速程度越大,过弯速度越趋近于最小速度;DK1、DK2、DK3 为舵机 PD 算法中的比例参数,按精度分级调节;DKD 为舵机 PD 算法中的累积误差积分修正参数,该参数越大则修正量越大,但是会导致超调,使舵机频繁摆动;CSB 为闭环修正速度,CSB 越大,偏移量对速度影响越小;SLN 为舵机参考行,决定转向前瞻;KLN 为斜率参考行,决定转向闭环调整的前瞻;MLN 为速度参考行,决定速度调节的前瞻,参考行值越小,前瞻越远,由于选取图像的像素点为 0~49 行,因此 3 个参考行取值范围为 0~49。提速时,逐步增加 MAX、MIN 数值,同时修正其他参数,优化行驶路径。软件参数修正赋值如表 6-8 所示。

表 6-8 软件参数修正赋值

实测速度	2.15 m/s	2.31 m/s	2.54 m/s	2.77 m/s	2.86 m/s
MID	1162	1162	1162	1162	1162
JSB	20	23	21	26	27
DK1	25	25	25	23	39
DK2	27	20	23	20	38

续表

实测速度	2.15 m/s	2.31 m/s	2.54 m/s	2.77 m/s	2.86 m/s
DK3	0	0	0	0	0
DKD	0	0	0	0	0
CSB	35	35	35	27	27
MAX	60	75	80	85	95
MIN	50	45	55	60	65
SLN	28	25	28	37	27
KLN	37	37	37	25	37
MLN	27	25	27	30	26

在设计基于飞思卡尔 MK60DN 单片机的智能汽车的过程中,需要综合运用控制原理、模式识别、传感、电子、计算机、机械、汽车等多个学科的理论,在实践方面需要掌握单片机、PCB 设计、C 语言编程、机械设计、电路板焊接等多方面技能,这样才能设计并调试出一辆自主运行的智能汽车。

复习思考题

1. 简述创新的基本含义并举例说明。
2. 简述常用创新方法并举例说明。
3. 车辆工程相关赛事有哪些?
4. 简述"恩智浦"智能汽车的工作原理。
5. 简述中国大学生方程式汽车大赛的参赛过程。
6. 列举大学生进行比赛创新需要具备哪些条件。

第 7 章　大学生创业与就业

7.1　创业的内涵与特征

改革开放以来,我国个体户大批涌现,公务员"下海"经商屡见不鲜,网络商店风靡全球,创业概念已深入人心。当前,随着我国不断加快社会转型进程和社会就业压力的不断加大,自主创业逐渐成为大学生的一种职业选择方式。

7.1.1　什么是创业

创业从本质上来说是一个创造出新的产品或服务并实现其内在价值的过程。随着对创业活动考察和研究的深入,创业内涵在不断升华。创业包含企业经营活动的六个层面:创业意识、战略导向、发现机会、把握机会、资源控制、资源配置。因此,创业可以定义为:创业者以一个既定目标为导向,通过运用自己的管理组织、资源整合和环境适应等能力,将市场潜在的机遇或者需求与自己创造性的思维相结合,并承担因此产生的各种潜在风险,来达成既定目标的过程。

根据上述定义,创业的内涵可归纳如下。

(1) 创业是一种活动,即创业是一种有目的地开创事业但不局限于创建新企业的活动,开创新事业是创建企业的基础。

(2) 创业是一个过程,即一个始于从变化的环境中发现有利于价值创造并能回报社会的机会,即提出创意,经过整合资源使得新创意转化为现实,最后实现价值的过程。

(3) 创业是一种受机会驱动并以机会而非资源为中心的行动方式,是一种边行动边思考的行动方式。

7.1.2　创业的特征

大学生不满足于就业现状或无法顺利就业,转而筹集资金、收集资源,挖掘机会,发挥自己的主观能动性,尝试通过开办实业或提供服务获得经济利益及实现人生价值的行为实际上就是创业。

大学生创业使其成为就业岗位的创造者,成为知识创新的新的生长点,大学生创业是学生、家长、学校和社会共同参与的系统工程。

大学生创业具有如下特征。

1. 创业主体年轻

大学生作为知识性的一族来创办企业有很强的特殊性。他们年轻,敢于冒险,思维活跃。

大学生创业基本上是以团队形式进行的,团队成员也是大学生,这样便于交流和沟通。

2. 创业依托专业

大学生创业靠的是技术或服务,更主要的是具有市场潜力的产品。要开发出新的产品,离不开工程技术方面的知识和技能,因此,大学生创业主体主要是理工科院校的学生。从全国大学生创业计划竞赛看,大学生创业作品大体上涵盖网络、电子信息、光电机一体化、生物医药、环境科学、精细化工、新能源、农林和服务行业等九大领域。依托互联网技术开网店创业也是热点。此外,文科和经管类学生在服务业领域创业的人数也不少。

3. 创业资金来源主要是家庭和风险投资

大学生创业依赖的是自己的产品,希望将产品转化为商品,推向市场,取得利润。从这点来看,创业实际上是一种技术创新。将知识转化为产品,投放市场必须有大量的资金注入。创业资金主要是大学生自己集资或依赖家庭获得的,也有部分来源于风险投资商的风险投资。此外还有其他的资金来源,但主要资金来源还是家庭和风险投资。

4. 创业成功率低

大学生创业除了面临将创意转化为商品进而转化为利润的难题外,往往还会发生因风险投资商筛选投资项目而被淘汰的情况。

实际上,生产管理和商业运行是大学生创业难以成功的致命弱点。大学生往往缺乏生产经营的实际经验,虽然从书本上可学到生产、管理等各领域的知识,理论能有效指导实践,但实践需要大学生具备很强的应变能力,不经刻苦磨炼是难以获得成功的。大学生创业者在市场大潮中能够经受住考验的往往只是极少数。

5. 创业利润高、风险大

大学生创业所办企业一般是高科技小企业,其生产成本主要是劳动力成本。如果产品适销,有巨大的市场空间,必然会产生巨大的销售量和丰厚的利润。

但是,要使所生产的高新技术产品或服务能成功地推向市场,被消费者所接受,在市场竞争中不被淘汰,就必须在产品设计、企业管理和市场运作等方面下苦功,打造一支得力的企业员工队伍,相互协作。然而,大学生往往对市场的运作规律比较生疏,对创业的艰巨性、长期性认识不足,一味追求短期效益,忽视自身实践能力的锻炼,因此,大学生创业本身也有先天不足的弊端,面临着很大的创业风险。

7.2 创业者的素质要求

创业是一项艰巨而复杂的工程,创业者作为其中最关键、最具能动性的因素,其素质和能力直接关系着创业活动的成败。创业者的素质和能力对于创业活动以及创业者本身具有十分重要的意义。

7.2.1 创业者的定义

当前国内外学者和企业界将创业者定义为:组织、管理一门生意或一个企业并承担其风险的人。它有两个基本含义:一是指企业家,即在现有企业中负责经营和决策的领导人;二是创始人,通常理解为即将创办新企业或刚刚创办新企业的领导人或核心人员。

创业者需要具有使命感、荣誉感、责任感,是一种主导劳动方式的领导人,是一种组织和运用服务、技术、器物作业的人,是一种具有思考、推理、判断能力的人,是一种能使人追随并在追随的过程中获得利益的人,是一种具有完全权利能力和行为能力的人。

7.2.2 创业者的素质要求

结合中国的具体情况,创业者需要具备以下六个方面的素质。

1. 强烈的进取精神和成就欲望

创业需要足够的勇气,也需要大无畏的进取精神和气概,只有具备这些素质的人才能攀登高峰。

成就欲望,其实就是一种生活目标,一种人生理想。成就欲望是创业者成功创业的强大内驱力。

成就欲望与普通的欲望不同。成就欲望往往伴随着行动力和牺牲精神。创业的成功是思想上长期准备的结果,事业的成功总是属于思想上有准备的人,也属于有创业意识的人。

2. 勤奋的工作作风

辛勤付出是成功的必经道路,任何成功的创业案例,都是创业者们用辛勤的汗水和刻苦的努力换来的。创业的成功需要坚忍不拔的意志、顽强的毅力、吃苦耐劳的品德、忘我的热情、甘于奉献的精神。几乎每一个创业者都是工作狂。

3. 敏锐的商业嗅觉

市场信息瞬息万变,商机转瞬即逝,对商机的敏锐度往往会在很大程度上影响创业者创业的结果。关注国家的宏观调控政策,掌握行业的实时走向,把握市场运作规律,洞悉客户的消费心理,这些都是可以帮助创业者在瞬息万变的市场中牢牢把握创业方向的。

4. 人脉资源的获取能力

创业者应拥有许多创业所需要的资源,其中最具有不可替代性的就是人脉资源。人际关系在创业的作用中正在逐渐加大,人脉资源已成为创业信息、资金、经验的源头。

在人脉关系的搭建中,谦和、诚信等良好的商业道德非常重要。关于商业道德,创业者必须做到:捍卫本企业所定的道德规范;强化本企业在商界的形象和声誉,维护本企业的道德责任感;将客户的需求放在第一位来考虑;确保安全性和效率;没有违法和不道德的行为。

5. 团队协作能力

一个项目的成功需要多方位共同支撑,1+1>2,一个团队互相协作比一个人赤手空拳、单打独斗更具有竞争力,这就需要组建创业团队。创业者可以是创业团队的领导者,也可以是团队中的一员。不管怎样,都是在一个团队中有效率地工作。只有团队内部每个成员步调一致,创业项目才能顺利、快速地稳步发展。因此,团队协作能力是创作者必须具备的素质之一。

6. 独特的创业意识

创业具有创新性。"心有多大,舞台就有多大",创业者只有大胆创新、探索,不断思考,才有可能挖掘到一个好的创业项目。创新贯穿于整个创业的过程,创新无处不在。一个优秀的创业者只有勇于开拓、勇于创新,才能不断将事业推向新的高度。

7.3 创业初期的准备

7.3.1 创业资金

创业资金是指创业者进行创业时前期的资本投入,主要有启动资金、周转资金和预备资金。在获取创业资金前,创业者首先得明白自己需要多少资金,如何获得资金。对大学生来说,筹集资金主要有以下几种途径。

1. 自筹资金

资金短缺是大学生创业时经常面临的困难,多数大学生创业者选择自筹资金,包括向父母、亲戚、朋友筹集资金。这是一个简单可行的办法,据调查,本科大学生的创业资金82%来自于个人和家庭的资助。

2. 合伙入股

创业社会化是一种趋势。合伙创业更有利于创业资金的筹集,合伙创业还可以充分发挥人才的作用,并有利于对资源的利用与整合。

3. 风险投资

所谓风险投资,是指对处于创业期和成长期的中小企业进行股权或债券投资,并参与企业管理,以获得较高的报酬。大学生可以通过拟订创业计划书或参加各类创业比赛等途径寻求风险投资或扶持资金。

4. 申请创业贷款

为了支持大学生创业,国家各级政府出台了许多优惠政策,涉及融资、开业、税收、创业培训、创业指导等诸多方面。创业贷款就是国家给大学生提供创业资金的优惠措施之一。一般有以下三种贷款方式:直接向银行申请贷款,申请科技型中小企业贴息贷款和利用新的技术成果或知识产权、专利权进行担保贷款。

7.3.2 创业项目的选择

1. 创业项目选择概述

创业的首要任务是选择正确的创业项目,这是创业中最难,也是最关键的一步,选择项目就是选择创业方向。

那么什么是创业项目?创业项目具体是指创业者进行创业所从事的某一具体方向上或某一具体行业中,具有吸引力的、较为持久的和适时的一种商务活动内容。选择创业项目的任务从本质上来说就是要找准商业机会。

许多大学生在创业初期阶段选择项目时往往带有很大的盲目性,容易跟风,喜欢挑一些目前最流行、最赚钱的项目,没有经过任何评估,就仓促启动项目,也不管所涉足的是不是自己熟悉的行业,是否适合自己,结果往往因各种因素无法坚持而创业失败。据调查,大学生自主创业成功率只有2%,绝大部分创业者在创业的初期阶段就偃旗息鼓了,主要原因就是未能发掘一个有生命力的、适合自己的创业项目。

一般而言,在选择创业项目前,要针对某个特定消费群体进行市场调研,从需求中发现商机。市场调研是创业中相当重要的一环。市场调研主要是为了寻找目标市场可能的商机,为自己进入该商业领域提供定性定量依据。一个好的市场调研,应是可信、可靠的,能够帮助确定市场定位和产品价格。市场调研报告一定要经得起推敲。经过调查,不仅要对市场有所了解,还要能够了解到自己的竞争对手的状况。现在创业或兴办企业前不做市场调研的情况越来越少,关键是市场调研的质量和方法,对市场调研的深浅程度的把握。有的人舍得花大价钱请专业市场调研公司来做,有的人则是自己走马观花看一看而已,这样市场调研效果就完全不同。大学生创业花费很多资金做市场调研不太现实,但通过低成本的方式进行市场调研还是有必要的。

2. 创业项目选择的原则

创业项目选择原则如下。

1) 优先考虑国家政策扶持的创业项目

随着国家以创业带动就业政策的出台,大学生走创业之路得到了各级政府的鼓励和支持,一系列大学生创业优惠政策(包括小额担保贷款、税费减免、资金补贴政策等)出台,从财政、金融、税收方面给予大学生创业者扶持。大学生可以根据自身的实际情况,在各类可享受优惠政策的项目中找到适合自己的创业项目。

2) 要利用自身特长做熟悉的事

正所谓"做熟不做生",大学生初入创业领域,最好选择与自己大学所学专业对口的或自己熟悉、擅长的领域来进行创业,这样就可以利用自己的专业特长优势或见识经验在创业的初期站在更高的起点上。另外,这样更有利于寻求适合自己且能充分发挥个人潜能的创业项目,从而提高创业成功率。

3) 从小平稳、低风险项目做起

创业是一种风险较大的人力、财力、精力的投资。大学生创业各方面条件有限,应将为数不多的资金投入风险较低、规模较小的项目中,先站住脚跟,再图发展。

绝大多数的大学生创业者由于刚刚步入社会,在能力、资金、人脉资源等各方面相对匮乏,更缺少经验的积累和实践的历练,因此在项目选择上,应量体裁衣,量力而行,从小平稳的项目做起,在实践中积累经验,提升创业能力,逐步从小做大。

4) 坚持创新,强化特色

创新是创业成功的关键,特色是创业项目生命的内在基石。只有创新,让产品和服务富有标签式的特色,才能形成竞争优势。

3. 创业计划书

撰写创业计划书是大学生创业需要掌握的另外一项重要技能。由于创业计划书要求创业者描述公司的创业机会,阐述创立公司、把握这一机会的进程,说明所需要的资源,揭示风险和预期回报,并提出行动建议,因此,创业者可通过编写创业计划书对创业可行性做一次全面考量。没有任何创业经验的大学生,应该学会撰写创业计划书,并按照创业计划书的要求审视自己的创业计划的可行性。

创业计划书的内容主要包括:企业介绍、管理团队介绍、产品与服务介绍、市场预测与行业分析、市场营销策略、生产制造计划、财务分析与预测、融资计划、风险与风险控制等。

7.4 公司的成立和经营管理

7.4.1 公司成立所需办理的手续

创业方略勾画的蓝图需要公司来实现。创业者在完成创业规划之后,要多渠道、低成本地筹集创业资金,精心构建公司的组织形式和架构,并向工商行政管理部门注册登记,宣告企业法律形式的正式成立。

企业的开办与经营需要得到社会各个职能部门的认可与批准,需要完成各种手续,如验资,办理营业执照,银行开户,税务登记,办理安全、环保、卫生许可证等。只有把这些手续全部办完,所开办企业才能成为一个合法的企业。需要完成的手续具体介绍如下。

(1) 到会计师事务所验资。

(2) 到工商管理部门申请营业执照。

(3) 到银行开户。经营者将所拥有的资金存进自己选定的银行,并开设银行账户。

(4) 到技术监督局办理法人代码证书。根据现代化管理的需要以及为了保护企业法人的权利不受侵犯,经营者还须到技术监督部门办理法人代码证书。

(5) 到税务局办理税务登记。依法纳税是每一个企业应尽的义务。所以,当经营者拿到营业执照时,应携带营业执照(副本)复印件、居民身份证复印件、经营场所房屋产权复印件或房屋租赁合同复印件到当地的地方税务局办理税务登记证。

(6) 到卫生防疫部门办理卫生许可证。部分企业需向卫生防疫部门提出申请,办理卫生许可证。需体检的企业员工到所在地区的卫生局的卫生防疫部门进行体检,以便办理个人健康合格证。

(7) 到环保局申请环保申报登记表。环境保护已成为全世界人民的共识,企业作为社会实体,更有义务和责任保护环境。

(8) 到公安局办理特种经营许可证。如开办特许经营业务,为保证企业的安全,加强与公安部门的联系,还需到企业所在区的公安部门办理特种行业经营许可证。

(9) 其他。除手续之外,企业经营者还要去电力、供水、燃料等部门办理相应的手续。附设歌舞厅和卡拉 OK 等设备的要办理文化经营许可证。

(10) 申请开办登记表。办理完以上手续后,即可到企业所在区域的工商行政管理局办理营业执照,准备开业。

7.4.2 公司的经营管理

新公司需要健全各项管理制度,明确各岗位的权责,通过计划、组织、控制、激励和领导等环节来协调人力、物力和财力资源,运作应尽量规范,并应严格执行管理制度,这不仅关系到创业短期目标的实现,更关系到公司企业文化的形成,影响公司的长远发展和最终创业目标的实现。除了要加强新产品研发管理、信息管理、售后服务管理、公司战略管理外,对于生产制造类企业,还应重点强化以下几方面的管理。

1. 采购与销售管理

采购与销售管理主要包括采购管理、销售管理、库存管理、品质管理。要增强预测的准确性、减少库存,通过对动态安全库存量的分析,增强异常销售订单的处理能力,提高发货供货能力;减少工作流程周期,提高生产效率,降低供应链成本;通过采购供应商的评估管理,缩短采购提前期,减少总体采购成本,缩短生产周期,加快市场响应速度。

2. 生产制造管理

生产制造管理主要包括物料管理、物料需求管理、加工管理、车间管理等。要增强面向订单生产的适应能力,提高计划前产能平衡的准确度,同时降低生产成本与生产管理的复杂度,缩短生产周期,加快市场响应速度。

3. 成本管理

加强成本预测、成本核算、成本分析等,满足企业成本管理细化的要求。做好事前预测、事中控制、事后核算,从而达到降低成本、提高效益的目的。

4. 人力资源管理

通过对公司人力资源进行全面计划、统一组织、系统控制、灵活调节,保证公司对人力资源的需求得到最大限度的满足;最大限度地开发与管理公司内外的人力资源,促进公司的持续发展;维护与激励公司内部人力资源,使其潜能得到最大限度的发挥,使公司人力资本得到应有的提升与扩充。

创业的道路虽然充满曲折和艰辛,但是掌握一些重要的技能可帮助创业者减少不必要的探索和失败。掌握市场调查的途径和方法、寻找到盈利模式并能看懂财务报表、能将创业构思外化为一份完整的创业计划书,这些基本技能都是创业者,尤其是大学生创业者所必须掌握的。

【案例】

贫困大学生胡启立的成功创业故事

胡启立,武汉某高校学生,红安农村人,1982年出生在红安县华河镇石咀村一个普通农家,父亲在当地矿上打工,母亲务农。在胡启立3岁那年,父亲发生事故,腿部严重骨折瘫痪在床。三年后,父亲总算能下地走路了,可再也不能干重活累活。为给父亲看病,他们几乎家徒四壁。

胡启立的父亲不能下地干活,只得开了家小卖部,卖些日用品。胡启立小小年纪就经常跑进跑出"添乱又帮忙",也正是这个原因,他从小就接触到了买和卖。

2002年,正在读高一的弟弟辍学外出打工,给哥哥胡启立赚学费。胡启立心里不是滋味,心中暗暗发誓,一定要考上大学,让家里人过上好日子。

进入大学后,胡启立感觉大学生活比高中生活轻松多了,空闲时间也多,他是个闲不住的人,决定提前走入社会,大一下学期就开始了自己的创业之路。

一次,他在中国地质大学附近贴海报时,看到一家中介公司,就走了进去,在那里遇到一位姓王的年轻人。王某是附近一所大学的大四学生,在学校网络中心做勤工俭学。他们商量,能不能利用网络中心的计算机和师资,面向大学生做计算机培训。

尽管只花了600元做招生宣传,但招生效果还不错,一下子就招到了几十个人。然而,这些学生去学计算机时却遇到了麻烦,因为学校知道了这件事情,叫停了网络中心的这个计算机培训班。胡启立几次跑到网络中心,都没办法解决这件事情。后来,他无意间发现网络中心楼下有个培训班,也是做计算机培训的,能不能把这些学生送到那里去呢?

对方一听说有几十个学生要来学计算机,高兴坏了,提出给胡启立按人头提成,每人200元。非常意外地,胡启立一下子拿到了数千元。

2005年,胡启立会招生的传闻在关山一带业内传开了。一家大型计算机培训机构的负责人找到胡启立商谈后,当即将整个招生权交给他。

随着这家培训机构一步步扩大,胡启立被吸纳成公司股东。但胡启立并不满足,他注册成立了自己的第一家公司——一家专门做校园商务的公司。

胡启立谈起成立第一家公司的目的:"校园是一个市场,很多人盯着这个市场,但他们不知道怎么进入。成立公司,就是想做这一块的业务,我叫它校园商务。"

同时,胡启立发现很多大学生通过中介公司找兼职,上当受骗的较多,就成立了一家勤工俭学中心,为大学生会员提供实实在在的岗位。他的勤工俭学中心影响越来越大,后来发展了7家连锁店。

如今,胡启立已涉足其他类型办学领域,为自己创业先后已投入200万元左右。

胡启立在大学期间,学校也为他创业提供了帮助,从院长到老师,都为其创业和学习付出了很多心血。由于忙于创业,耽误了一些课程,学校了解他的特殊情况后,特事特办,按规定允许他部分课程缓考。

班主任杜勇老师谈起自己的这个特殊学生,说:"我带过很多学生,但胡启立是其中最特别的,创业取得的成绩也较大。"他认为在现在大学生就业形势整体不太好的前提下,大学生自主创业,不仅可以解决自己的就业问题,做得好的话还可以为别人提供岗位,但要是能兼顾学业就更好了。

7.5 大学毕业生就业概况

就业乃民生之本,大学生是就业的主体,每年新增劳动力中大部分是大学生。自高考扩招以来,我国大学毕业生人数急剧增长,博士、硕士等高学历毕业生也越来越多,大学生的就业形势严峻,而且这种形势还将持续很长一段时间。

7.5.1 就业规模

在我国,每年有几百万大学毕业生进入就业岗位。近十几年,全国大学毕业生人数仍逐年增加,2018年毕业生总数上升至820万,加上往届没有就业的毕业生、海外回归的大学生等,我国目前每年需要就业的大学毕业生总量巨大。

7.5.2 就业率

根据麦可思研究院发布的《就业蓝皮书:2019年中国大学生就业报告》,2018届本科毕业生就业率为91.0%,与过去4届相比略有下降;2018届高职高专毕业生就业率为92.0%,与过去4届相比稳中有升。根据报告显示,2018届本科毕业生待就业比例为4.2%,高职高专毕业生待就业比例为7.5%,与2014届相比均有下降。由于深造的分流,毕业生待就业压力没有明显增加。

从就业去向来看,民营企业、地级城市及以下地区等依然是主要就业去向,2014届至2018届本科毕业生在民营企业就业的比例从50%上升到54%,2014届至2018届高职高专毕业生在民营企业就业的比例从65%上升到68%。

2018届本科毕业生就业率排前三位的专业是软件工程96.8%、能源与动力工程96.8%、工程管理95.8%。从学科门类来看,2018届本科毕业生就业率最高的学科门类是工学93.1%,其次是管理学92.7%,哲学学科门类因为样本较少,没有包括在内。

报告显示,从近三届的就业率变化趋势可以看出,本科学科门类中的艺术学、经济学、理学毕业生就业率下降较多。高职高专专业大类中的资源开发与测绘大类、医药卫生大类、土建大类毕业生就业率上升较多。

从近三届的就业率变化趋势可以看出,本科学科门类中的工学、农学专业毕业半年后就业率在持续上升。高职高专专业大类中的生化与药品大类、交通运输大类、文化教育大类、艺术设计传媒大类毕业半年后就业率持续上升。

7.5.3 就业去向

从就业职业、行业来看,2018届本科毕业生从事最多的职业类别是中小学教育,就业比例为19.3%,就业比例增长最多的行业是中小学及教辅机构,就业比例为12.7%;2018届高职高专毕业生从事最多的职业类别是销售,就业比例为8.9%,就业比例增长最多的行业是学前、小学及教辅机构,就业比例为6.6%。

2014届至2018届本科毕业生在民营企业就业的比例从50%上升到54%,与此同时,在国有企业就业的比例从23%下降到19%,在中外合资/外资/独资企业就业的比例从11%下降到7%;2014届至2018届高职高专毕业生在民营企业就业的比例从65%上升到68%,而在国有企业就业的比例从18%下降到15%,在中外合资/外资/独资企业就业的比例从9%下降到6%。

7.5.4 创业比例

2018届本科毕业生受雇工作的比例为73.6%,连续五届持续下降;自主创业的比例为1.8%,较2014届(2.0%)略有下降;正在读研的比例为16.8%,准备考研的比例为3.3%,较2014届分别增长3.2、1.4个百分点。

2018届大学毕业生自主创业比例为2.7%,较2014届(2.9%)略有下降。其中,高职高专毕业生自主创业的比例(3.6%)高于本科毕业生(1.8%)。此外,有6.2%的2015届大学毕业生三年内自主创业。2015届毕业即自主创业的大学毕业生中,三年后有44.8%的人仍坚持自主创业,比2014届(46.2%)低1.4个百分点。2015届本科毕业生三年内自主创业主要集中在教育行业,比例为19.8%。2015届高职高专毕业生三年内自主创业主要集中在零售业,比例为14.8%。

7.6 如何把握就业机会

目前大学生就业形势依然严峻,把握好就业机会非常重要。大学生一方面要坚定就业信心,另一方面要稳妥应对现实境遇,把握就业机会。

7.6.1 调整就业观念

我国因经济持续发展和产业结构转型等变化,也存在很多就业机会。但面对复杂的就业形势,只有树立正确的就业观念,才能实现成功就业,满意就业。调查结果显示,大学生择业时在薪酬待遇、未来工作地点选择方面的考虑日趋合理,如在地域的选择上不再只考虑北上广,相当一部分学生开始考虑二线城市,同时也存在害怕吃苦、过分看重经济利益、对自身认知不足、目光短浅、容易从众等不足。

在就业过程中我们要注意克服以下几种非理性的就业观念。

(1) 一味追求端"铁饭碗"。有些大学生削尖脑袋往公务员队伍钻,非要端上"铁饭碗"。然而公务员名额毕竟很少,竞争太激烈。所以在就业过程中,要尽可能地全面做准备,不要孤注一掷,错失工作良机。

(2) 盲目自信。在择业中,有的学生认为自己具有种种优势,学习成绩优秀,政治条件好,学校牌子硬,工作理所当然要比别人好,好高骛远,期望值过高,看不上这个单位,瞧不起那种职业,往往和一些好的工作失之交臂。

(3) 自卑畏怯。有些大学生觉得竞争激烈,自己技不如人,存在自卑心理,缺乏竞争勇气和自信心,一走进就业市场心里就发憷。参加招聘面试时,有的面对招聘者时结结巴巴、面红耳赤,一旦受到挫折,就很可能不愿意尝试就业。

(4) 依附依靠。有的大学生自己不着急找工作,总想依靠父母或者靠攀亲戚、拉关系轻松就职。部分学生缺乏主见,缺乏独立意识,而这种无主见无魄力的毕业生很容易被用人单位弃用。

(5) 攀比与嫉妒。在求职中,大学生之间的攀比与嫉妒现象时有发生,他们比周围同学哪个选择了知名度高、效益好的单位,哪个同学去了大城市或高层次部门,等等。就是在这样的盲目攀比中,很多同学延误了就业时机。

(6) 走捷径。有些大学生在求职过程中,不想着怎么通过自身努力,凭自身实力求职,而总想打听各种小道消息,依靠"开后门"或者多花点钱找到称心的工作,殊不知在就业的过程中存在很多骗局,越是想占便宜的人越有可能走入不法分子设下的圈套。

7.6.2 提升就业综合实力

大学生就业难固然存在一定的社会原因,然而,不管在怎么样艰难的就业环境中,同样的学校、同样的专业,总有一些同学找到了理想的工作,也总有些人只能失意地站在角落。很多大学生职业观念不强,就业实践和探索不够,最终导致就业能力不足。

【案例】

纸上得来终觉浅,绝知此事要躬行

张超辉,这个在河北唐山一家名气不大的院校先读专科,继而考入本科的学生,通过自身努力,找到了一份在某著名艺校做艺考培训老师的工作。谦虚又自信,忙碌而充实,为就业早做准备就是他的特点。用他自己的话说就是:"大学生做的兼职,我几乎没有啥是没做过的。"专科三年,本科两年,在五年时间里,张超辉摆过地摊、卖过计算机,但就读于播音主持专业的他做过更多的兼职工作是与自己特长和专业相关的商演、主持、培训等工作。张超辉相信，每一份付出都有回报，"不同的工作让我接触到了不同的人，不同的人带给了我不同的人生阅历和经验。"因此，他觉得，在大学里，只要不虚度光阴，不论做些什么，都是对自己的成长有益处的。"万事开头难，克服了自己内心的胆怯，利用大学的空闲时间，积累一些社会经验，在求职的过程中就会占有很大优势。"

分析：大学里学习的很多知识是理论性的，要提升自己的实际就业能力，必须投身于实践，将专业知识从理论上升到实际运用，从校园课堂拓展到社会实践这个第二课堂。本案例中的张超辉在整个大学生涯不断地进行社会实践，累积工作经验，并不断加强学习，从而用实践证明，没有高学历，没有名牌文凭，一样能成功就业。

毕业生要提升就业综合实力，首先需要进行合理的规划，然后要锲而不舍地努力，同时职业意识的培养、知识的积累、工作能力的训练也很重要。大学生在大学里应注重进行职业生涯规划，并努力培养自己的通用能力和专业能力，增强社会适应能力、沟通能力、团队合作能力、组织管理能力等软技能，并利用专业知识开展各方面实践，提升自己的专业技能，最终凭借全面的综合实力，实现顺利就业，满意就业。

7.6.3 把握就业机会

求职的过程是一个竞争的过程，也是不断提升自我的过程。总的来说，就业机会青睐大学四年辛勤努力的学生，偏爱对就业有准备的人。天上不会掉馅饼，要找到理想的工作，必须时刻牢记把握就业机会。就业过程中每个人面临的情况不同，应对方法也各不相同，但不管如何，面对严峻的就业形势，都必须冷静观察、积极应对，及时把握就业机会。

【案例】

关键时刻，特长帮忙

某大学经济管理学院毕业生黎明非常喜欢打乒乓球，是大学校队的主力队员，曾多次代表学校参加比赛。在一次招聘会上，黎明看到某高校后勤集团要招聘助理经理一职，便投递了简历。经过面试，该单位很快就与他签订了就业意向书。原来该单位所属高校各系部间每年都要举行一次乒乓球比赛，成绩作为年终考核的一部分，该单位考虑这一因素在当年的招聘活动中优先考虑有乒乓球特长者。因此，在诸多求职者中黎明脱颖而出。

分析：用人单位有时不一定需要特别全面的人才，却急需合适的人才。大学生在求学期间要培养自己的业余特长，如运动、文艺特长等，说不定这种特长日后会成为决定自己求职成功与否的关键因素。

【案例】

紧追不放，"无薪"求职

裔锦声在取得华盛顿大学文学博士学位后的一天，看到舒利文公司的招聘启事，要求有商学院学位，并且至少有三年的金融工作经历，有能力开辟亚洲地区业务。她很快整理好个人简历给公司寄过去，但很遗憾的是没有回音。裔锦声没有放弃，从那以后，她每天与该公司联系，以至于该公司的人事部负责人一听到她的声音就想着各种理由婉拒。最后，裔锦声鼓足勇气拨通了舒利文公司总裁的电话，坦言道："我没有商学院学位，也没有金融业的工作经历，但我有文学博士学位。在读期间，我也曾遇到许多困难和歧视，但我没有退缩，更没有放弃，反而变得更加坚强，我相信贵公司会为我提供一个施展才华的平台。如果公司感觉在我身上投资风险太大,可以暂时不用付我薪酬。"总裁最终被打动,同意她来公司参加面试,通过七次严格的筛选,在众多佼佼者中,裔锦声成了面试唯一的胜利者。

分析:面对面试无望的窘境,裔锦声没有气馁,最终鼓足勇气给总裁打电话,坦诚表达了自己的不足,也亮出了自身的优势,达到了扬优补劣的效果。惊人的胆量和与众不同的优势让她最终赢得了就业的机会。许多用人单位十分反感应聘者在薪资方面斤斤计较,尤其对初出茅庐、没有就业经验的大学生来说,更是如此。所以,如果你真是"金子",在求职中不妨尝试一下"零报酬",得到机会以后再充分展现自己。

求职成功是多种因素综合的结果。学生在平时应注重了解和观察,注意信息的收集,适当展现自身的特色和实力,牢牢把握就业机会。

7.7 求职行动

进入就业季后,大学生就开始直接面对应届毕业生求职高峰。随着毕业实践的临近,大学生求职的压力会越来越大。每年9—10月陆续就会有单位进入学校招聘。从往年就业情况看,找一份工作并不太难,但要找到一份理想的工作却是一个不小的挑战。找工作本身就是一份工作。"不打无准备之仗",这是大学生在求职路上需要铭记的。

"临战"之前,准确定位、收集信息、制作简历、进行面试准备是必须要做好的功课。

7.7.1 认识自我,准确定位

面对激烈的求职竞争,要想在众多竞争对手中脱颖而出,必须充分了解自己,认识自我,要有明确的职业定位,更要有明确的职业目标,否则就会无从下手,被动应战,胜败难料。

面试前最重要的是要有充分的自我认知,有明确的定位。用人单位往往会根据岗位需要展开面试,设计面试的方式和内容,通过面试者展示的能力、学识来考察应聘者是否具备岗位需要的各项素质。因此在面试前,应聘者要全面盘点自己的特点,明确自己的优缺点,这样面试时才能做到有的放矢、有备无患。

认识自我,必须对自己进行全面的分析,搞清楚"我最喜欢做什么?""我最适合做什么?""我最擅长做什么?""我希望做什么?"这四个重要问题。主要是对自己的兴趣爱好、特长、气质、性格、思维方式、个人理想、价值观、情商智商等进行有效分析,还可以借助有关测评机构和测评工具进行有效的评估。同时也可以请一些对自己了解的师长、亲人和朋友帮助分析,尽可能找对这方面有经验,同时有阅历、理性、洞察力强、社会经验丰富的人帮助自己分析评估。

只有充分认识自我,理性处理职业理想和现实的矛盾,才有可能找到适合自己的就业方向,确定合适的职业目标,做到积极准备,从容应对。

7.7.2 信息收集

要了解国家及各地有关毕业生就业的政策及规定,比如《劳动法》《劳动合同法》,派遣及档案接收相关政策等,以及学校关于毕业生就业方面的有关规定,如签订就业协议必须履行哪些手续,调整改派有哪些程序和手续等问题。此外,最重要的是要收集用人单位发布的就业信息。

当今社会是信息社会,信息的来源和渠道很多。在市场经济环境下,用人单位的招聘信息大多通过各种途径公开发布,需要注意收集和整理。搜集就业信息的途径和渠道主要有以下三个。

1. 学校毕业生就业工作部门

学校毕业生就业工作部门的主要职责就是为毕业生提供就业政策咨询服务与就业指导;收集、整理、发布毕业生基本情况;整理和发布就业信息。学校一般会有针对毕业生的就业网,利用网站和班级QQ群推送适合本校毕业生的就业信息。每年学校毕业生就业部门还会组织线下供需见面会,或者针对某些专业的专场宣讲会。学校毕业生就业部门提供的就业信息针对性强,可靠度高。

2. 学科专业教师

一般情况下,学科专业教师更了解毕业生适合就业的方向和范围,教师在与企业、公司合作进行科研或者在兼职教学、培训活动中,熟悉了这些用人单位的经营状况、工作环境和人才需求,他们提供的信息针对性强,相应的岗位更能满足学生对专业发展的要求。因此,毕业生可以通过自己的老师获得相关信息,或直接请老师作为推荐人或引荐人,如果能有行业知名度较高的老师推荐,那么被录用的概率会大幅度增加。

3. 求职网站

通过专业的求职网站搜寻就业信息成为大学生最常用的求职手段之一。网上求职,最大的优势在于方便快捷,即使毕业生身在异地也能及时获得大量招聘信息和就业机会。

当下与毕业生就业相关的网站越来越多。下面介绍几个正规、权威的网站。

(1) 应届生求职网 该网站是专门针对应届毕业生发布求职信息的平台,它收集发布全国各地校园招聘会、宣讲会信息,各行各业企事业单位年度招聘信息,实习生招聘信息等。该网站发布的就业信息多来自于知名企业、大型国企、事业单位和科研机构,招聘单位层次高、实力强,行业覆盖面广,是本科及以上学历毕业生应该经常关注的求职网站。

(2) 普通求职网站 包括智联招聘网、中华英才网、猎聘网等。此类求职网站以发布求职信息、向企业提供求职者信息为主。大学生及社会人员均可通过此类网站求职。一般要先在网站内录入详细的求职简历,求职者可向意向单位投递电子简历,招聘单位通过向网站付费查看简历获取信息联系求职者。网站提供的招聘单位以中小型企业、合资企业为主,岗位类型以管理类、销售类、专业技术类居多,招聘对象主要为有工作经验、有专业技能、有管理能力的求职者。此类网站求职者投递简历的方式以海投为主,应届毕业生求职成功率较低。

7.7.3 制作简历

简历是把个人的综合信息提供给用人单位的书面材料。简单来说,简历就是个人的名片和广告,简历就如同企业的宣传手册一样,将个人的基本情况、特色、特长等展示给未来的雇主,表明自己拥有能够满足特定工作要求的技能、素质。

1. 个人简历应具备的特点

1) 条理性

简历提供的信息不要太多,能令招聘者产生想要进一步了解自己,获取更多信息的欲望即可。因此,简历必须条理清楚、结构清晰、一目了然,让招聘者一眼就能找到自己想要了解的信息。简历提供信息的顺序一般是:个人基本信息→教育背景→业务经历→其他内容。求职目标可以放在前面,也可以放在后面。在描述项目研究经历和所参加的社会实践时应采用倒叙方式,时间最近的放在前面,最远的放在后面;级别高的荣誉放在前面,级别低的放后面。

2) 独特性

制作简历的目的就是展现自我,引起用人单位的"爱才之心",说服招聘者给自己进入面试环节的机会。每个人都是独特的,因此在简历中必须表达出自己的特点和优势。在简历写作中,应该少用"有较强的独立科研能力""善于沟通""富有团队精神"等让人熟视无睹的字眼,应尽量用具体的数字、事实、经历、成绩来说话。

3) 针对性

在招聘会上,常看到有些毕业生将相同的简历复印多份投给不同的招聘单位,这种不分对象、以一份简历"应万变"的做法往往收效甚微。不同的单位、不同的岗位对所需人才的要求是不同的,求职者在写简历的时候,一定要明了求职单位和岗位的要求,在简历中强调自己特别适合这个职位的内容,弱化甚至删除招聘者可能并不重视的内容。

4) 真实性

诚实是做人的基本准则,真实性是写简历最基本的要求。如果在简历中弄虚作假,即使一时能够成功,一旦被发现也就再无弥补的可能,任何单位都不能容忍欺骗和虚假。

2. 简历的内容

一份合格的求职简历应该包括以下几方面的内容。

(1) 联系方式　包括姓名、电话等个人信息,应该放在简历的最上面。

(2) 教育经历　包括毕业学校、时间及所学专业。对于所学的课程,可以写几门最主要的、有特色的专业课。

(3) 所获奖励　包括在校期间所获荣誉或有关证书,挑级别高的、重要的写前面。

(4) 应聘意向　在简历中需注明应聘职位和目标。

(5) 实习/实践经历　这一部分主要包括勤工助学、课外活动、兼职工作、参加各种团体组织的工作经历、实习经历和实习单位的评价等。这一部分内容要写得详细些,重点是陈述与应聘职位相关的经验和技能,以及自己潜在的培养、发展前景。此部分是简历的重点,要针对招聘职位的要求,围绕对人才的核心需求来介绍,同时应精简内容、突出重点、清晰明了,突出自己的应聘优势。

(6) 兴趣爱好/特长　用人单位可由此了解和分析大学生的工作及生活态度。同时,不同的业余爱好,代表了不同的职业能力倾向。一般只写两至三项,要写出特长和强项,但是要针对职位的要求写,不具体的爱好最好不要写。

此外,如果应聘外资企业或跨国公司,一定要附上英文简历。

7.7.4　面试

面试是对应聘者综合素质的考量。在面试中如何将自己有效展示给用人单位是一门学问。

1. 面试的含义及要素

面试是指面试官和应试者面对面(有时可通过电话或者视频方式)交流信息,对应试者个体素质进行综合比较与考察的一种测评方式,也是用人单位选拔人才的主要方式之一。

面试有以下特点。

(1) 面试是面对面的观察与交流方式。面试不仅包括语言的交流,也包括表情、神态、心理等非语言的沟通,不仅考察应聘者的表达能力,也直观考察其思维能力、反应能力、礼仪技能等综合能力。

(2) 面试一般是经过精心设计的,面试的目的是选拔更符合用人单位需求的人才,为了达成这样的目的,招聘方会围绕考察的要求,精心设计面试的形式、情景,安排最合适的面试人员等。比如现场常采用标准化面试、结构化面试,有的用人单位还会安排几轮面试以及笔试,这些精心设计的面试环节是用人单位确保招聘人才质量的重要保证。

2. 面试的准备

面试前要做好各方面的准备工作。

大学毕业生的求职面试,犹如"新媳妇见公婆",不准备容易出丑,准备不充分同样有可能出丑。求职信、简历、证书、作品、服装等基本的面试内容都必须要提前做好准备。需要认真准备的还有求职礼仪、专业知识、一般常识、企业背景信息、求职技巧等。有些不是临时抱佛脚能解决的,需要平时积累。大部分学生往往不清楚,也没有意识到,或者没有梳理过。所以做一些相对全面的,有针对性的准备工作,心里会相对踏实点,面试时就更容易将自己最好的一面表现出来。

(1) 对用人单位和岗位有深刻的认知。

在面试前,要充分了解用人单位发展历程、行业背景、近几年取得的重要成绩,并对面试岗位有相关的认知。

(2) 知识和信息准备。

面试是对应聘者综合素质的考量,会考察应聘者的专业知识、综合素质,有些信息的准备是长时间的积累形成的,但有一些信息可以通过短时间充电获得。面试之前可以简单了解应聘岗位所需的专业基础知识,特别是一些基本概念、行业术语、专业词汇,还应了解单位所属行业的基本信息。

(3) 保持良好的心态。

当前求职竞争激烈,面试失败也属正常。不必将成败看得太重,能收到一份面试通知,自然也能收到第二份、第三份,不必过于患得患失。在求职中应该抱着一颗平常心,在面试前做好充分的准备,在面试中将最好的自己展示出来即可,要把面试当作一次自我检阅,从而不断完善自己的机会。

复习思考题

1. 面试的种类有哪些?应如何应对面试?
2. 认真总结大学期间自己的收获和具备的就业条件和优势。

3. 搜集马云关于团队建设方面的语录,然后选择其中的两至三句,联系自身的体会,并结合事例谈谈你对团队建设的感悟。

4. 假如你决定创业,你会选择什么样的项目作为你的经营内容,为什么?

5. 通过哪些方面可以对创业团队进行有效管理?

6. 通过本章学习,结合自身特点,谈谈你的创业方向和关于如何实现该目标的一些想法。

参 考 文 献

[1] 崔胜民.车辆工程专业导论[M].北京:北京大学出版社,2015.
[2] 鲁植雄.车辆工程专业导论[M].2版.北京:机械工业出版社,2017.
[3] 姚层林.汽车服务工程专业导论[M].武汉:华中科技大学出版社,2019.
[4] 张国方.汽车服务工程(专业)概论[M].武汉:武汉理工大学出版社,2008.
[5] 赵英勋.汽车检测与故障诊断[M].北京:机械工业出版社,2013.
[6] 赵英勋.汽车概论[M].北京:机械工业出版社,2012.
[7] 蔡兴旺.汽车概论[M].2版.北京:机械工业出版社,2011.
[8] 李育锡.汽车概论[M].北京:机械工业出版社,2010.
[9] 林平.汽车史话:汽车发展史[M].北京:电子工业出版社,2005.
[10] 董继明.汽车文化[M].2版.北京:北京理工大学出版社,2015.
[11] 金明,邱家彩.汽车文化[M].武汉:华中科技大学出版社,2015.
[12] 李艳菲.汽车文化与新技术[M].北京:机械工业出版社,2013.
[13] 余志生.汽车理论[M].5版.北京:机械工业出版社,2009.
[14] 熊文斌.大学生学习与谋职指南[M].武汉:中南大学出版社,2008.
[15] 林平,林龙,赵玉梅.车鉴:世界汽车发展的历程[M].北京:机械工业出版社,2012.
[16] 中国汽车工业协会.中国汽车发展战略研究(缩略版)[M].北京:机械工业出版社,2013.
[17] 中国汽车技术研究中心.节能与新能源汽车发展报告(2016)[M].北京:人民邮电出版社,2017.
[18] 蒋承勇.大学生职业发展规划与就业创业指导[M].北京:高等教育出版社,2015.
[19] 余永红,胡巍,汤福球,等.大学生职业生涯规划与就业指导[M].北京:北京邮电大学出版社,2010.
[20] 朱帅.如何进行时间管理[M].北京:北京大学出版社,2012.
[21] 曹晔晖.管理者的时间管理[M].北京:中国经济出版社,2006.
[22] 马歇尔·库克.时间管理[M].上海:上海人民出版社,2004.
[23] 泰姆示.高效率法则[M].北京:地震出版社,2003.
[24] 陈永革,徐雯霞.汽车营销原理与应用[M].北京:机械工业出版社,2015.
[25] 唐振达主编.资产评估理论与实务[M].2版.大连:东北财经大学出版社,2015.
[26] 中国汽车工业协会.中国汽车发展战略研究(中卷)[M].北京:机械工业出版社,2014.
[27] 麦克思研究院.就业蓝皮书:2019年中国大学生就业报告[R].北京:社会科学文献出版社,2019.

[28] 徐杏华.关于培养现代大学生自主学习能力的研究[J].中国西部科技,2010(34):56-58.

[29] 宋华.浅谈大学生自主学习能力的培养[J].读与写(教育教学刊),2011(02):56-57.

[30] 冯石岗,李春华.关于加强大学生自主学习能力培养问题研究[J].河北工业大学学报(社科版),2009,1(2):65-68.

[31] 黄西庭,张志杰.青少年时间管理倾向量表的编制[J].心理学报,2001,33(4):338-343.

[32] 王立强,王晓萍,杜立辉.基于项目学习和实践的课程改革创新探索[J].实验室研究与探索,2013,31(4):114-116,191.